Ne soyez pas comme…

Ngandu Francisco Crispin

Alias

Davi Crispin Jr.

Celui qui apprend avec ses erreurs est un homme intelligent, le sage apprend avec les erreurs d'autrui.

Table des matières

À propos du livre 3

Ne soyez pas comme Josué 5

Ne soyez pas comme les cinq vierges folles 17

Ne soyez pas comme Jonas 25

Ne soyez pas comme Samson 36

Ne soyez pas comme Aaron 49

Ne soyez pas comme Ananias et Saphira 59

Ne soyez pas comme Démas 71

Ne soyez pas comme Guéhazi 86

Ne soyez pas comme Saül 96

Ne soyez pas comme le roi David 109

Ne soyez pas comme Adam et Eve .. 120

Soyez comme Jésus 128

À propos du livre

La vie est faite de décisions et actions. Certaines de ces décisions ne sont pas faciles à prendre, de même certaines actions à poser demande de nous souvent plus qu'une force physique.

Nous sommes le résultat de nos décisions et actions, si vous n'aviez toujours pas réalisé cela alors vous êtes malheureux. Les décisions et actions de Jésus ont fait de lui l'homme le plus connu de l'histoire, celui qui sépare le temps et les époques. De même les décisions et actes de Judas ont fait de lui un homme mal vu, celui dont le nom est devenu la définition exacte de la trahison et de l'hypocrisie.

Je me souviens de la vidéo qui a inspiré ce livre. Après avoir prié, je fais un tour sur la chaîne YouTube de mon prédicateur du soir, Bishop TD Jakes, et après avoir été nourri par l'homme de Dieu, j'ai vu une vidéo dont le titre était ''ne sois pas comme moi''. En un clic j'étais devant l'histoire qui allait donner naissance à notre livre.

Un homme racontait sa vie, il avait tout détruit, son couple, la relation avec ses parents, son fils, il avait gâché sa vie.

J'écoutais attentif, lorsqu'il déclara « je fais cette vidéo pour vous dire, ne soyez pas comme moi », à ce moment précis, je savais que je devais écrire et dire à mes lecteurs ne soyez pas comme…

L'idée d'écrire le livre était bien présente, mais il me manquait une personne, un homme ou une femme dont la vie nous inspire à ne pas reproduire ses décisions et actes. Le Saint-Esprit me parla au même moment sur les personnages bibliques dont les décisions et actes ne doivent pas être reproduits.

Nous allons faire un voyage dans la Bible, prenant plusieurs personnages et pour chacun d'eux, avec l'aide du Saint Esprit, nous allons mettre en évidence les décisions et actes à ne pas reproduire.

Bonne lecture à tous et que le bon Dieu éclaire vos yeux et ouvre votre entendement.

Davi Crispin Jr.

Ne soyez pas comme Josué

Notre voyage commence avec un personnage que particulièrement j'aime beaucoup. Son nom Josué, fils de Noun, un grand homme de guerre, un vaillant homme, un très bon leader. Il était le serviteur de celui dont le nom est célèbre à cause sa forte relation avec Dieu, l'homme qui a ouvert la mer rouge, celui qui par la foi à refuser d'être appelé le fils de la fille de Pharaon, c'est bien lui, le grand Moïse.

Après la mort de Moïse, celui qui était pour Israël un leader, prophète et juge, Dieu va choisir pour lui un jeune homme habitué à la guerre pour commander son armée sur terre. Josué prend le bâton de leader et conduit Israël jusqu'à la terre promise, il a détruit et effacer de la terre ses ennemis, il était grand, vraiment grand, mais malheureusement il est le premier à entrer dans notre liste. Je lisais encore le livre de Josué, les écritures m'ont fait comprendre combien il était grand, mais après avoir tourné la dernière page du livre de Josué nous comprenons pourquoi le grand homme est dans notre liste.

Nous allons prendre deux versets bibliques et comprendre pourquoi nous ne devons pas être comme Josué.

Après la mort de Moïse, serviteur de l'Éternel, l'Éternel dit à Josué, fils de Noun, serviteur de Moïse… Josué 1 vs 1

Après la mort de Josué, les enfants d'Israël consultèrent l'Éternel, en disant : Qui de nous montera le premier contre les Cananéens, pour les attaquer ? Juges 1 vs1

Nous sommes face au passage physique de deux leaders, le premier c'est bien Moïse et le deuxième Josué. Après la mort de Moïse, le Seigneur Dieu parla à Josué, car ce dernier avait été préparé par son leader pour être son successeur.

Cependant, lorsque la Bible parle du passage de Josué, il est dit qu'après sa mort les enfants d'Israël on consulter l'Éternel.

Vous l'avez compris, Josué avec toute sa force et un grand ministère n'a pas pris la décision de préparer un successeur. Je voulu commencer avec Josué parce que la succession fait partie du cycle de la vie, et dans tous les domaines de la vie nous allons faire face à cette transmission de responsabilité, caractère, position, onction ou nom.

Avant de continuer permettez-moi de sortir deux vérités de ces textes. La première est que lorsque le leader ne plus là et qu'il ne laisse pas de successeur, Dieu ne parle palus. La Bible dit qu'après la mort de Moïse, Dieu a parlé à Josué, parce qu'il y avait un successeur. Lorsque Dieu veut parler à un groupe il s'adresse à son leader, lorsqu'il n'y a pas de successeur il y a un arrêt dans la communication avec Dieu.

La Bible précise qu'après la mort de Josué, les enfants d'Israël on consulter l'Éternel, quelque chose qu'ils n'avaient pas fait après la mort de Moïse, parce qu'ils savaient qu'un successeur était préparé.

> **Le peuple écoute le leader, et le leader écoute Dieu. Ne pas préparer un successeur c'est obliger le peuple à consulter Dieu.**

"L'ainsi dit" de l'Éternel ne vient que par le billet d'un leader. J'aimerais que nous appliquions les vérités de ce livre dans tous les domaines de nos vies. Un père qui ne prépare pas un successeur enlève de sa famille une voix autorisée à parler.

Le leader est la voix de l'autorité. Sans lui n'importe qui peut parler, mais personne n'écoutera. Nous devons apprendre à préparer nos successeurs dans tous les domaines de la vie. Je me souviens de toutes les fois où mon père m'a parler et instruit sur l'importance d'être la voix autorisée à la maison, il a toujours préparé son successeur, de sorte qu'il est encore en vie mais il a de moins à moins de responsabilités, parce que le successeur est là.

Pasteur, prépare ton successeur, ne prive pas l'église de la bouche autorisée.

La deuxième chose est qu'après Moïse ou les livres de Moïse nous avons Josué. Après le livre de Deutéronome nous avons le livre de Josué, nous avons un nom, une identité, un leader, un successeur. En contrepartie, après le livre de Josué nous n'avons pas un nom propre, nous avons les Juges. Qui sont-ils ? Je comprends que Moïse à laisser à Josué un nom, une identité propre, mais à son tour Josué n'a pas su laisser un nom.

Frères et sœurs sans la succession le nom s'efface de la terre. Combien de famille ont était effacée de la terre par manque de successeurs, des dénominations fermées, ministères détruits, à cause du manque de succession.

Imaginez un homme qui a deux filles et qui n'a pas un mâle à la maison, cet homme verra son nom oublié après le mariage de ses deux filles. Les jeunes-filles vont finir par adopter le nom de leurs futurs maris. Ma future femme par exemple s'appellera Crispin et mes enfants de même, cela veut dire que mon nom et mon identité finiront par avaler le nom de mon futur beau-père. C'est exactement ce qui se passe lorsque vous n'avez pas de successeur, votre nom est oublié et avaler par quelqu'un d'autre.

Pourquoi doit-on préparer un successeur ?

En lisant l'histoire du peuple d'Israël et de leur marche de l'Égypte à la terre promise, nous pouvons répondre à cette question avec certains principes.

1 Le leaders changent mais la vision reste la même.

C'est important de comprendre que lorsque Dieu vous donne une vision, peu importe votre grandeur, sachiez que vous ne vivrai pas tout ce que Dieu vous fait voir. Moïse a vu la terre promise, mais cela ne voulait pas dire qu'il devait à tout prix y entrer. Il a conduit le peuple jusqu'au désert et de là-bas Josué les amenant à la terre promise. La vision est éternelle, elle ne s'arrête jamais, à chaque fois qu'il semble qu'une vision s'est arrêté, sachiez que le problème est le manque de leader, il n'y a pas de successeur.

Avant de continuer, j'aimerais démentir une théorie que j'entends souvent, disant que Moïse à échouer dans sa mission à cause de sa désobéissance.

Moïse et Aaron se rendirent ensuite auprès de Pharaon, et lui dirent : Ainsi parle l'Éternel, le Dieu d'Israël : Laisse aller mon peuple, pour qu'il célèbre au désert une fête en mon honneur. Exode 5 vs 1

Après la mort de Moïse, serviteur de l'Éternel, l'Éternel dit à Josué, fils de Noun, serviteur de Moïse : Moïse, mon serviteur, est mort ; maintenant, lève-toi, passe ce Jourdain, toi et tout ce peuple, pour entrer dans le pays que je donne aux enfants d'Israël. Josué 1 vs1-2

La responsabilité de Moïse dans la vision de libération du peuple a toujours été de le faire sortir de l'Égypte et conduire dans le désert. Restant obéissant ou non, après le désert la vision demandé un autre leader. Alors Moïse a accompli sa mission parfaitement, il a fait plus qu'accomplir sa mission, le grand libérateur juif a laissé un successeur capable de continuer dans la vision.

Nous passons.

Il peut arriver que nous soyons encore en vie, en très bonne santé, mais la vision demande un nouveau leader, la vision peut vous demander un successeur même lorsque vous exercez encore.

Le 28 Février 2013 le monde était en choque à cause de la démission du pape Benoît XVI, j'ignore les raisons de sa démission, mais en même temps je loue son courage et sa capacité d'acceptation de la vision. Le pape Benoît avait compris qu'il avait fait son travail, il était dans le désert, et avec sagesse il a laissé un nouveau leader entrer dans la vision. Savoir quand nous devons laisser le successeur entrer en scène est l'une de plus grandes qualités d'un vrai leader.

2 La vie continue après nous.

Qu'est-ce que c'est difficile pour une personne qui dirige de prendre conscience de ces deux choses : qu'un jour sa vie s'arrêtera et qu'après lui la vie continue.

Je me souviens d'une prédication que le Seigneur m'avait permis de prêcher en 2019, où je disais qu'il y a toujours un après cela. Le monde ne s'arrête pas à cause d'un événement, croyez-moi, il y a toujours un après cela.

Lorsque Moïse est mort, la Bible commence dans Josué 1 vs 1 disant « après… » Israël venait de perdre son leader, son libérateur, certaines personnes, j'ose croire, croyaient que c'était la fin, mais la Bible dit après la mort de Moïse… Le monde ne s'arrête jamais, de même la vision ne s'arrête pas.

Cher pasteur, père, entrepreneur, jouer, musicien, sache qu'après toi la vie continue.

Je suis un grand fan de Michael Jackson et ça je ne le cache pas. Lorsque Michael était mort, beaucoup de nous croyez que c'était la fin de la musique Pop, voire même de ma musique, mais la vie a continué. Laissez-moi vous dire que vous êtes unique et spécial, malgré tout ce que je vous dirai, après votre mort la vie va continuer parfaitement.

Nous n'aurons plus de prédicateurs comme John Wesley, Bill Ghram, Myles Munroe, T. L. Osborn, la liste est longue, ma sachiez que la vie continue sans ses grands hommes de Dieu.

La NBA ne sera jamais la même sans Kobe Bryant, un grand jouer, une légende, mais en même temps ils n'ont pas arrêté les matchs, ils vont continuer à jouer, parce que la vie continue après vous.

Avant de continuer j'aimerais rendre hommage à Kobe et sa fille, nous n'avons pas beaucoup à dire, just thank you and rest in peace Mamba.

Laissez-moi vous poser une question, qui préparez-vous comme successeur ?

Si la vie continue après vous, ce que les besoins que vous comblez aujourd'hui continuerons après vous, alors soyez sûrs d'assurer une vie de qualité à tous ceux qui restent après vous.

Josué n'a pas pensé à la vie après lui, il n'a pas pensé que les ennemis allé retourner pour se venger, que les disputer n'allaient pas s'arrêté parce qu'il était mort, il n'a pas pensé à tout ça, et comme dit mon père spirituel, le pasteur Buka Bele « après moi c'est le déluge » parce que Josué avait échoué entant que leader, car succès sans successeur n'est pas un vrai succès.

3 Le successeur est la continuité du succès, sans le successeur le succès meurt avec le leader.

Je pense que c'est important de comprendre que le successeur n'est pas qu'une personne, il est la continuité de votre succès.

Nous connaissons l'histoire d'Elie et Élysée, sans doute une histoire remplie de connaissance, leçons et principes. J'aimerai parler de la continuité du succès par la succession. Elie était un grand homme de Dieu, un homme de succès, qui tua les prophètes de Baal, par lui le feu est tombé du ciel, mais il arriva un temps où le prophète du Seigneur devait partir. Cependant, il va prendre le temps de former Élysée son successeur, et nous le savons tous qu'Élysée reçu la double portion de l'onction qui était sur Elie, et fit le double de miracles que son prédécesseur.

Sachiez cependant que le succès d'Élysée est la gloire d'Elie, cela veut dire que le succès d'Elie, la puissance de son ministère, ses œuvres continuèrent à crier à travers Élysée.

Josué à son tour, n'eut pas la sagesse de laisser un successeur, comme conséquence son succès fit enterrer avec lui.

J'ai énormément de choses à partager avec vous au sujet de la succession, mais cela fera objet d'un autre livre si Dieu le veut.

Je finirai avec une pensée de la Bible « Une génération s'en va, une autre vient, et la terre subsiste toujours. »

Le monde ne s'arrêtera pas après vous. Votre génération passera et une autre viendra, soyez sûr de laisser un bon leader à cette génération qui arrive, soyez sûr de former votre successeur.

Laissez-moi vous donner quelques principes sur la succession avant de terminer.

1- La succession est une obligation, car personne n'est éternelle.
2- Le successeur n'a pas besoin d'avoir le même langage que son prédécesseur, il doit cependant garder la vision.
3- Intergénérationnel est l'un de plus grand ennemi de la succession.
4- Moïse était prince, guerrier, berger, puis le leader du peuple Juif, mais Josué était guerrier, la succession n'est pas une question d'égalité de parcours.
5- Le successeur est tout d'abord un serviteur de son prédécesseur.
6- Celui qui n'a pas servi son prédécesseur n'aura pas un bon successeur.
7- La succession peut se faire avant la mort du leader.
8- Un bon leader sait quand passer le relais à son successeur.

9- Orgueil est l'autre ennemi de la succession.
10- Sans succession la vision se perd.

Je vous prie frères et sœurs, ne soyez pas comme Josué, préparez et laissez un successeur.

N'est-ce pas Josué qui déclara « moi et ma maison nous servirons l'Éternel » où sont-ils passé ses enfants ? Ce n'était pas un manque de temps ou de personne à former, c'était le manque de sagesse.

Ne soyez pas comme les cinq vierges folles

Cinq d'entre elles étaient folles, et cinq sages. Les folles, en prenant leurs lampes, ne prirent point d'huile avec elles ; mais les sages prirent, avec leurs lampes, de l'huile dans des vases….

Mathieu 25 vs 2-4

L'une des paraboles le plus connues de Jésus est le sujet de notre étude. Dix vierges dont cinq étaient sages et cinq étaient folles.

Nous ne voulons pas et n'allons pas d'une manière directe faire la différence entre ses vierges. Nous voulons nous concentrer sur les vierges folles, apprendre certaines vérités avec et surtout vous faire comprendre que à aucun cas vous devez être comme ses femmes.

Ces vierges attendaient l'époux, l'homme qui devait venir pour les honorer. Cependant, la nuit tomba et elles avaient besoin de lampes pour s'éclairer. Les lampes à leur tour avaient besoin d'huiles pour pouvoir éclairer.

Les vierges folles vont faire le choix de ne pas prendre l'huile de réserve. C'est la première erreur. Car la Bible ne dit pas qu'elles ont oublié, mais elle précise qu'elles n'ont pas pris l'huile. Cela veut dire qu'elles avaient le choix, elles pouvaient décider et déterminer si l'huile était importante ou non.

J'ai dit avant, qu'elles avaient besoin de la lampe pour la lumière, la lampe avait besoin d'huile. La deuxième erreur de ces vierges est de vouloir répondre à leur besoin sans répondre au besoin du moyen par lequel elles seraient éclairées.

C'est comme quelqu'un qui veut regarder un match à la télé et ne branche pas sa télé. Votre besoin est bien de regarder le match, cependant, vous ne pouvez pas ignorer les besoins de la télé. Cette erreur détruit la vie de beaucoup de personnes. Combien veulent avoir quelque chose de quelqu'un sans répondre aux besoins de cette personnes ? Combien veulent la vie de Dieu, les bénédictions et la gloire, sans répondre aux besoins de Dieu.

Si vous voulais avoir l'éclairage, répondez d'abord aux besoins de la lampe.

C'est en répondant aux besoins de la lampe que vous aurez ce qu'il vous faut. J'irez plus loin, disant que c'est en répondant aux besoins de Dieu que nous avons ce qu'il nous faut.

> **L'huile n'est pas votre besoin, mais elle est le secret de votre éclairage.**

Je reprends la question du choix et de la décision, car je pense que c'est là le début des problèmes dans la vie de ces femmes.

La vie est faite de choix et décisions, cette phrase est plus qu'un slogan, elle est une vérité de vie. L'époux est venu, la lampe était là mais l'huile manqua, à cause d'une mauvaise décision. Ces vierges folles sont tombés dans le piège de l'illusion de la compréhension du temps. Elles avaient l'huile dans la lampe, mais elles avaient oublié que le temps réduit petit à petit la quantité présente d'huile dans la lampe.

J'introduis alors la notion de la provision. Car lorsque vous ne comprenez pas que le temps finira avec l'huile, vous ne pourriez pas faire de provisions. La provision ne se fait pas parce que nous sommes en manque, elle se fait parce que nous évitons d'être en manque.

Faire un choix dont les bénéfices ne vous sont pas immédiats est une mission qui demande beaucoup de sagesse et maturité.

Choisir un petit ami semble être quelque chose de simple, car il n'y a pas d'engagement, mais ce jeune-homme peut devenir votre mari, le père de vos enfants, n'attendez pas d'être mariée pour comprendre l'importance du choix que vous faites. Vous devez être capable de faire de provisions pour vos enfants et pour vous-même. Faites de provisions pour votre vie émotionnelle, spirituelle, financière, ou ministérielle.

Aujourd'hui les choix sont faits, les décisions sont prises sans conscience. L'idée de la provision est absente dans la tête de beaucoup au moment du choix, ce qui est très dangereux pour celui qui fait le choix.

La Bible dit qu'elles n'ont pas pris l'huile.

Permettez-moi d'aller loin dans mon imagination, disant que ces femmes étaient sûrement dans un marché en train de faire des courses. Cela veut dire qu'elles avaient une liste contenant les articles à acheter. Faire de courses avec une longue liste peut être un problème pour certaines personnes.

Ces femmes faisaient les courses et à un moment précis, elles devraient faire le choix entre les articles prioritaires et le non-prioritaires. Combien d'entre nous tombent encore dans le piège de prendre des articles non-prioritaire, ils oublient que l'huile est leur seul besoin.

De quoi avez-vous besoin ? Faites-vous de cette chose votre priorité ? Acheter et faire de choix c'est ne pas facile lorsque nous n'avons pas une intelligence émotionnelle capable de dire non à tout ce qui n'est pas utile.

Ne faites pas de choix par émotion, n'achetez pas pour combler un manque émotionnel. Cela le problème de vierges folles, elles ont acheté plusieurs choses sauf ce qui était utile.

Savoir dire non est le secret d'un bon achat. Lorsque vous ne saviez pas dire non, vous achèterai tout sauf l'huile.

Je pense que le plus grand problème de ces vierges est le manque de responsabilité. Lorsque je parle de responsabilité, je parle de la capacité de faire et de dire ce qui doit être fait et dit, au bon moment et d'une manière correcte.

Acheter du parfum est une bonne chose, mais lorsque nous avons besoin d'huile, acheter un parfum est un acte de folie. C'est dû à cette vérité que la Bible appelle ces vierges folles, parce qu'elles achètent du parfum au moment où il fallait acheter de l'huile.

La folie c'est alors dire et faire au mauvais moment et d'une manière non-correcte.

Tout ce que vous faites ou dites au mauvais moment et d'une manière non-correcte fait de vous un homme ou une femme de folie.

J'aimerai revenir en arrière pour parler de la longue liste. Vous devez comprendre qu'une liste vide est plus dangereuse qu'une longue. Car la longue liste peut vous fatiguer au point de ne pas tout acheter, mais une liste vide fait de vous une personne sans direction.

Pour finir ce chapitre, j'aimerais parler des autres cinq vierges. Je pense qu'elles étaient allées faire les courses à dix, ce qui suscite en moi une question, pourquoi est-ce que les vierges sages n'ont pas suggéré aux folles à acheter de l'huile ?

La Bible nous aide à répondre à cette question, elle précise que les vierges folles n'ont pas pris, je retourne à la notion du choix et de la décision. Je pense que les vierges sages ont conseillés leurs amies, mais ces dernières ont choisi de ne pas écouteur.

Les conseils sont disponibles partout, écouter et se repentir de ses idées ou actions est un choix personnel. Deux choses sur les vierges folles que je dois vous dire avant de terminer.

1 Elles n'ont pas écouter les conseils qui changerai leurs vies.

2 Quatre d'elles étaient sûrement influencée par une qui avait le pouvoir d'influencer.

Attention à ces deux choses lorsque vous faites face à une décision qui changera votre vie. Au passage laissez-moi vous dire que toutes vos décisions ont un degré d'influence sur votre vie, de plus petits au plus délicates, vos décisions déterminent la qualité de votre vie.

Ne soyez pas comme les vierges folles, car elles n'ont pas su apprendre avec la vie de leurs amies. Les autres vierges avaient acheté l'huile, les folles ont sûrement vu les autres prendra l'huile, mais comme beaucoup de nous, ces vierges folles n'ont pas voulu apprendre avec la vie de quelqu'un d'autre.

Celui qui ne sait pas tirer de leçons dans l'échec ou la réussite de ceux qui l'entoure sera toujours un malheureux.

Les principes de la leçon.
- Vivre ensemble ne pas assurance d'avoir le même avenir.
- Ma lampe a besoin de mon huile et non de celui mon proche.
- Personne ne sera sauvé à cause de l'huile de son ami (e)
- Ce ne pas parce que la décision est prise par plusieurs personnes qu'elle est bonne.
- C'est la nuit qui détermine si nous sommes sages ou folles.
- L'époux vient pour nous, mais il part avec celle dont la lampe éclaire.
- L'huile peu manquer le matin mais jamais la nuit
- L'huile on l'achète, on ne prend pas celui de quelqu'un d'autre.
- La lumière des autres ne suffit pas pour nous sauver. Il nous faut notre propre lumière.
- Vaut mieux perdre tout et avoir l'huile, qu'avoir tout et rater l'époux.

Ne soyez pas comme les cinq vierges folles.

> La promesse de l'avenir de l'époux a besoin de votre lumière pour s'accomplir. Achetez l'huile !

Ne soyez pas comme Jonas

Et Jonas se leva pour s'enfuir à Tarsis, loin de la face de l'Éternel. Il descendit à Japho, et il trouva un navire qui allait à Tarsis; il paya le prix du transport, et s'embarqua pour aller avec les passagers à Tarsis, loin de la face de l'Éternel. Jonas 1 vs 3

Nous continuons notre étude biblique, je tiens à rappeler que ce livre est conçu pour nous permettre d'apprendre avec les erreurs des héros de la Bible, l'objectif n'est pas de nuire à la réputation de ces personnages, nous voulons cependant aider chaque lecteur à ne pas reproduire certaines actions susceptibles de détruire nos vies. De même, les personnages n'ont pas été choisi suivant un ordre, par conséquent il peut il y avoir de similitudes dans l'histoire de deux personnages sans que leurs noms apparaissent l'un après l'autre.

Nous passons.

Notre prochain personnage est un prophète renommé, son histoire est la source de plusieurs débats, il est l'homme avalé par le grand poisson, son nom Jonas. Un homme appelé à apporter la bonne nouvelle à la ville de Ninive.

Comme vous le savez, Jonas s'est en fuit loin de la face de Dieu et se retrouva dans le ventre du grand poisson, son histoire m'inspire à vous dire ne soyez pas comme Jonas.

Nous parlerons de trois choses faites par Jonas que vous ne devez pas reproduire.

Avant tout, laissez-moi vous parler de Ninive, une ancienne ville de l'Assyrie, dans le Nord de la Mésopotamie. L'Assyrie avait dominer sur Israël, un grand nombre de personnes habitant sur le territoires Israélien fut amené en captivité par le roi d'Assyrie.

Nous le savons tous que l'histoire se transmet de génération à génération. Jonas étant Israélien avait pris connaissance de tout ce que les Assyriens avaient fait à son peuple, dans son cœur il désirait que ce peuple souffre comme un jour Israël avait souffert.

Un bon matin le Seigneur dit à Jonas de se lever et aller à Ninive pour annoncer l'ainsi dit de l'Éternel. Jonas va faire une chose difficile à comprendre lorsque vous ignorez ce qui se passait dans son cœur. La Bible dit qu'il fuit loin de la face de l'Éternel, il décida de ne pas obéir son Seigneur, et d'ici nous pouvons sortir le premier point.

1 Jonas ne voulait pas prêcher un peuple qui avant avait amené captif ses frères.

C'est facile à comprendre, dans le cœur de Jonas ainsi que de plusieurs Israéliens de l'époque, les Assyriens étaient des ennemis. Jonas ne voulait pas donner as ses ennemis l'opportunité de se repentir, parce qu'il savait que l'Éternel est bon et sa miséricorde dure à jamais, et si les Assyriens venaient à se repentir Dieu allé les pardonner.

Qui sont vos ennemis ? Ces personnes qui vous ont blessés, qui n'ont pas cru en vous, ceux qui vous ont agressé physiquement, verbalement, sexuellement, ceux qui vous ont calomniés, les personnes dont vous voulez oublier l'existent, toutes ces personnes ne doivent pas être emprisonnées dans votre cœur.

Jonas n'avait pas pardonné les Assyriens, il jugé que prêcher à Ninive était un acte de trahison contre la mémoire de toutes ces personnes mortes et amenées en captivité.

Le problème est que lorsque vous ne pardonnez pas quelqu'un vous jugez que cette personne ne mérite pas aussi le pardon de Dieu. Jonas, si tu ne veux pas pardonner l'Assyrie laisse Dieu le faire.

Qu'est-ce que c'est important de pardonner et de permettre à celui qui nous a fait du mal d'être pardonné par Dieu. Frères et sœurs ne soyez pas comme Jonas, ne refusez pas le salut, l'évangile à quelqu'un à cause du passé, cette personne vous avez blessé à cause du mal qui habité en elle, mais vous à votre tour, vous pardonnez et prêchez l'évangile à cause de l'amour de Dieu qui est en vous, de la grâce qui vous fait enfant de Dieu et la communion avec le Saint Esprit.

Le premier point est bien le manque de pardon de Jonas, sa mauvaise foi et son hypocrisie. Il est un serviteur de Dieu, sa mission et responsabilité est d'amener les gens à la repentance, mais lorsqu'il s'agit de son ennemi il oublie le vœu fait devant Dieu.

Une phrase me vient à l'esprit, présente dans le fameux serment d'Hippocrate, *Je respecterai toutes les personnes, leur autonomie et leur volonté, sans aucune discrimination selon leur état ou leurs convictions*, l'homme de Dieu est un médecin pour le peuple de Dieu, nous ses enfants, appelés par sa volonté, nous jouons aussi le rôle de médecin pour le monde malade (péché).

> **Ne pas pardonner croyant que l'autre personne souffrira, est comme s'injecter du poison et espérer que l'autre personne meurt.**

2 Ne lutte pas contre Dieu.

Jonas prit la décision de fuir de la face de l'Éternel, il acheta un billet de transport et monta dans un navire, l'intention de son cœur était claire, fuir de la présence de Dieu. Dans le navire, il rencontre une tempête violente, la mer était agitée et la Bible nous dit pourquoi. Le Seigneur avait soufflé sur la mer, la vie de plusieurs personnes étaient en danger à cause de Jonas.

Frères et sœurs, ne luttez pas contre Dieu, obéissez et soyez soumis à sa volonté parfaite. Il est important de dire que différemment à ce que beaucoup de personnes pensent, la volonté de Dieu correspond parfaitement avec le besoin de l'homme.

Lutter contre Dieu veut simplement dire faire le contraire de ce qu'il dit. Maudit sont les enfants rebelles qui prennent des initiatives sans consulter le Seigneur.

Comprenez ces choses frères et sœurs, connaître et ne pas appliquer la parole de Dieu veut dire lutter contre Dieu, savoir exactement ce que vous devez faire et consciemment décider de ne pas faire, c'est lutter contre Dieu.

Certaines personnes entrent dans un combat conscient qu'elles vont perdre. Frères et sœurs, si vous avez un problème avec la mer, Jésus se réveillera et calmera la tempête et la mer, si vous avez un problème avec la mort, Jésus vendra devant le sépulcre et criera Lazare sort, si vous avez un problème avec une perte de sang, touché Jésus et tout ira bien, mais lorsque vous avez un problème avec Dieu qui peut intervenir ?

Laissez-moi lister quelques combats contre Dieu que beaucoup de personnes mènent.

1 Le pécher conscient.

Combien sont ceux qui pèchent consciemment, qui savait exactement ce qu'ils doivent faire, les conséquences de leurs péchés mais qui continuent à pécher.

Je ne parle pas de personnes qui vivent liées à un mal, celles qui veulent abandonner le péché mais qui n'arrive pas. Je parle bien de celui qui a l'occasion de bien agir mais qui choisit de pécher, celui qui pèche par plaisir et fait du péché sa vie.

2 Faire le contraire de ce que Dieu vous dit.

Comme Jonas, combien sont les personnes qui font exactement le contraire de ce que Dieu leur dit, l'Éternel avait dit à Saul de tuer tous les Amalécites, mais le roi décida d'agir selon sa propre vision.

3 Vivre le contraire de ce que Dieu avait écrit pour vous.

Frères et sœurs, il y a un mot que vous devez connaître pour vivre heureux, propos. Le propos est le but ou l'intention par lequel quelque chose est créée. Nous avons tous une mission à accomplir sur terre, ne pas accomplir cette mission, vivre le contraire de ce que Dieu a écrit pour nous veut aussi dire lutter contre Dieu.

Mais, si la personne ne connait pas son propos, que doit-elle faire ?

Simple avoir une bonne relation avec son créateur, connaître son créateur et le seul moyen pour la créature de se connaître soi-même.

4 Manque d'amour pour le prochain

Celui qui n'aime pas son prochain et qui se lance dans un combat contre ce dernier, déclare guerre contre le ciel.

La liste est longue et je pouvais continuer à écrire et écrire, mais je préfère avancer dans notre étude biblique, laissez-vous inspirer par le Saint Esprit et continuer la liste avec son aide.

3 Jonas à fuit loin de la face de l'Éternel.

Lorsque je méditais sur l'histoire de Jonas, voyant ce verset, une question en monté en moi, comment un homme peut-il fuir de la face d'un Dieu omniprésent ? Notre Dieu voit tout, comment est-ce possible que Jonas fuit loin de la face de l'Éternel ?

Une fois de plus la réponse est simple. Dieu est partout et voit tout, mais lorsque la Bible parle de la face de l'Éternel, elle fait mention au lieu de rendez-vous avec Dieu. Ce lieu peut être l'endroit de votre mission. L'Éternel est en Israël avec Jonas mais il voit Jonas à Ninive, cela veut dire que lorsque Jonas s'en fuit, il disparait du radar divin. À ce moment précis, Jonas n'a plus la couverture céleste, le bonheur et la grâce ne l'accompagne plus, car il est loin de la face de l'Éternel.

Certaines personnes font de déplacement sans consulter Dieu, ils quittent une ville, un département et même un pays sans l'accord de Dieu, mais ce qu'elles ignorent est que pour la plupart d'elles, cette décision les met en off dans le radar divin.

Vous devez savoir quelle est votre lieu de rencontre avec Dieu, je ne parle pas d'un lieu de prier, car ce n'est ni à la montagne ni dans les temples selon ce qui est écrits dans l'évangile de Jean, nous prions et adorons en vérité et en esprit, et cela est notre lieu de rendez-vous avec Dieu, pour la prière.

Souvent Dieu peut se servir de situations et circonstances de la vie pour nous amener dans le lieu de rendez-vous. Moïse devait tuer un Égyptiens et devenir berger pour se retrouver dans le lieu de rendez-vous, de même Joseph doit devenir esclave et prisonnier pour après se trouver dans le lieu du rendez-vous.

Je finirais ce chapitre avec une leçon que l'Éternel donna à Jonas. Je laisserai la Bible parler pour moi.

L'Éternel Dieu fit pousser une plante qui s'éleva au-dessus de Jonas pour donner de l'ombre à sa tête et le délivrer de son mal. Jonas éprouva une grande joie à cause de cette plante, mais le lendemain à l'aurore,

Dieu fit venir un ver qui la rongea, et la plante sécha.

Au lever du soleil, Dieu fit souffler un vent chaud d'est, et le soleil frappa la tête de Jonas au point qu'il tomba en défaillance. Il demanda la mort en disant : « Il vaut mieux pour moi mourir que vivre. » 9 Dieu dit à Jonas : « Fais-tu bien de t'irriter à cause de la plante ?» Il répondit : « Je fais bien de m'irriter jusqu'à la mort. » L'Éternel dit : « Tu as pitié de la plante qui ne t'a coûté aucune peine et que tu n'as pas fait pousser, qui est née une nuit et qui a disparu l'autre nuit, ; et moi, je n'aurais pas pitié de Ninive, la grande ville, dans laquelle se trouvent plus de 120'000 êtres humains incapables de distinguer leur droite de leur gauche et un grand nombre d'animaux !»

Jonas 4 vs 6-11

La leçon divine est claire, n'aime pas quelque chose qui ne soit humaine plus qu'un homme. Seul Dieu doit être aimé plus que les hommes. Vos richesses, maisons, objets, plaisir ne doivent pas venir avant la vie d'un humain.

Le plus grand problème de l'humanité est le manque d'amour. C'est ne sont pas de vaines paroles ou un slogan publicitaire, l'amour est la racine du bien, la motivation de la fidélité, la raison de protection, c'est à cause de l'amour que Dieu envoya son Fils pour mourir à la croix.

Jonas n'aimait pas l'humanité, il aimait Israël et non les hommes. Il est temps d'arrêter de s'attacher à un pays plus qu'à l'humanité, à une religion plus qu'à l'humanité, à un club de foot plus qu'à l'humanité. Les religieux et le non-religieux s'entretue, parce que les hommes sont plus attachés à une plante qui a poussé la nuit que à un homme comme eux.

> **Ne soyez pas comme Jonas, soyez capable de vous aimer vous-même et n'oubliez pas d'aimer vos prochains comme à vous-même. Mais au-dessus de toute chose, aimez le Seigneur votre Dieu de tout notre cœur.**

Ne soyez pas comme Samson

Notre prochain personnage a un master de choses à ne pas reproduire. Son nom Samson, sans doute l'homme le plus fort de l'histoire, capable de tuer mille hommes avec la gueule d'un âne, capable de déchirer un loin avec ses mains, il est sans doute l'homme le plus fort de la Bible et de l'histoire de l'humanité.

Je vais diviser ce chapitre en trois étapes, chaque étape portera sur un chapitre de la Bible parlant de Samson. Vous pouvez lire toute l'histoire de Samson et vous laisser inspirer par le Saint Esprit dans le livre de Juges du chapitre 13 au 16.

Le chapitre 13 parle de la naissance de Samson, et nous n'allons pas nous arrêter sur ce dernier.

1ère étape

Le chapitre 14 de Juges raconte l'histoire de Samson et sa première femme. Je vous conseille de lire d'abord le chapitre 14 du livre de Juges et ensuite continuer votre lecture.

Déjà fait ? Super.

Samson commet plusieurs erreurs dans ce chapitre. Tout d'abord il va choisir pour épouse une femme parmi les filles de Philistins, quelque chose d'étrange car Samson savait qu'ils étaient un peuple ennemi et incirconcis.

Le mauvais choix du futur conjoint est sans doute l'un de plus grand problème de notre société moderne, dans un monde où la liberté de choisir est de plus en plus forte, nous avons du mal à faire un bon choix.

Je ne parlerai pas beaucoup sur le choix du futur conjoint dans cet ouvrage, mais vous avez la possibilité d'en savoir plus dans notre livre "Du célibat au mariage".

Cependant, je souhaite vous faire comprendre que le choix du futur conjoint fait partie de trois choix le plus important de la vie d'un être humain. Le premier est le choix de l'éternité, choisir Jésus et sauver son âme. Le deuxième est lié à l'accomplissement de votre mission sur terre, que dois-je faire sur terre ?

Enfin nous avons le choix du futur conjoint. Il est important de savoir que le choix du futur conjoint aura une grande influence sur les autres deux.

La deuxième erreur de Samson est le manque d'observation de la loi. Il était consacré à Dieu et ne pouvait pas toucher un cadavre. Quelque temps après avoir tué le lion, il trouva du miel dans son cadavre, il décida de prendre et de manger. Je me demande pourquoi a-t-il fait cela ?

Je trouve deux réponses. Premièrement parce qu'il jugé mériter une récompense. J'ai tué le lion et le miel est ma récompense, disait-il. Frères et sœurs ne commettez pas l'erreur de croire que vous devez être récompensé pour tout ce que vous faites. De plus, la Bible précise que l'Esprit de l'Éternel l'avait saisi, il n'aurait pas tué le lion sans le Saint Esprit, alors pourquoi doit-il être récompensé par quelque chose que Dieu à fait ?

Combien de nous commettaient l'erreur de croire que lorsque Dieu agit à travers eux, celui qui bénéficie de la grâce de Dieu doit le récompenser. Une idée qui détruit de plus en plus nos dénominations, nos entreprises, et nos familles.

Le prophète Élysée dit à son serviteur « est-ce le temps de recevoir de récompense ? » il y a un temps pour tout, ne commettez pas l'erreur de croire que Dieu doit vous récompenser à chaque bonne ou grande action, de même votre aide envers quelqu'un n'est pas une obligation de récompense.

La deuxième réponse est que Samson avait laisser la force prendre la place de l'obéissance. Cher lecteur, redoubler votre attention et comprenez, peu importe la grandeur de votre dom, le succès de votre ministère, lorsque le dom ou l'expérience prend la place de l'obéissance, vous avez commencé à vous détruire.

Samson disait, je suis fort, je suis le libérateur, je suis au-dessus de l'interdiction. Ne vous trompez pas frères et sœurs, personne n'est au-dessus de la loi de Dieu, et ce que Dieu appelle impur ou péché l'est pour tous, riche ou pauvre, pasteur ou non, tous soumis à la loi de Dieu.

Comprendre ces choses vous gardera humble et obéissant. Je suis évangéliste et je peux dire avec assurance qu'obéir à la loi de Dieu est plus difficile pour une personne consacrée, pourquoi ? Parce que beaucoup de nous tombent dans le piège du privilège, ne faisant pas ce qu'ils enseignent.

La dernière erreur de Samson dans cette première étape est le manque d'intelligence émotionnelle. Samson ne savait pas dire non.

La Bible précise que sa femme l'avait tourmenté -*Juges 14 vs17*- et finalement Samson à céder et il raconta l'énigme à sa femme. Frères et sœurs, beaucoup de nous ont détruit et vont détruire leurs vies par manque d'intelligence émotionnelle, ils ne sont pas capables de dire non. Je sais qu'il semble facile à dire, mais soyez honnête avec moi, combien de fois avez-vous dit oui, quand vous saviez que le non était la meilleure option ?

Nous manquons les fruits de l'Esprit, dans Galates 5 vous trouverai ce que la Bible appelle fruit de l'Esprit et la science intelligence émotionnelle. Travaillez sur ces choses, surtout sur la maîtrise de soi, le savoir dire non est l'une de plus grande démonstration de maturité.

2ème étape

Comme pour la première étape, je vous conseille de lire le chapitre 15 du livre de Juges avant de continuer votre lecture.

C'est fait ? Super.

Nous parlerons d'une seule chose dans cette étape. Ne jamais agir lorsque nous sommes énervés.

Samson avait abandonné son épouse, il s'en alla loin d'elle, quelque temps après le père de la femme accorda la main de sa fille à un autre. Samson retourne après un long temps, lorsqu'il apprit ce que son beau-père avait fait, il va commettre l'erreur de beaucoup de nous, parler et agir sous l'effet de la colère.

J'ai appris que lorsque nous parlons vite, sans arrêt, notre cerveau n'a pas le temps de recevoir l'oxygène et par conséquent vous empêchez le bon fonctionnement du cerveau.

La Bible dit qu'une bouche qui parle beaucoup ne manque pas de pêcher, parce que beaucoup parler veut dire réfléchir moins.

Lorsque vous êtes en colère gardez silence. Car la colère passe, mais les conséquences de actes et paroles dites restent et vous accompagnent.

J'ai appris à distraie mon cerveau, lorsque quelque chose est censé me mettre hors de moi, je rigole, je garde silence et je compte jusqu'à 50, si possible je fléchis mes genoux et je prie Dieu, j'essaye de tout faire sauf réagir à l'appeler de la colère.

Samson croyait qu'il pouvait tout faire, je méditais sur ce chapitre avec Grace, lorsqu'une question est montée en moi, dans cette histoire à qui doit-on attribuer la faute. À l'ami de Samson qui accepta d'épouser la femme de son ami ? À la fille qui accepta la proposition de son père ou au père qui donna sa fille à une autre, sachant qu'elle était déjà mariée ?

Avant de répondre à la question n'oubliez pas, que tout cela se fait parce que Samson avait abandonné sa femme. Alors avant de se mettre en colère contre le monde, asseyez-vous et mesurez votre degré de responsabilité dans l'histoire.

3ème étape

La dernière étape de notre étude se trouve au chapitre 16 de Juges. Faites une petite pause, prenez votre Bible et après avoir fini, vous pouvez continuer votre lecture.

Vous l'avez constaté, le chapitre 16 de Juges commence avec une grande erreur de la part de Samson. L'homme consacré à Dieu se retrouvé dans la maison d'une prostituée.

La Bible dit que nous ne devons pas mélanger le corps du Christ avec une prostituée, Samson lui disait, tout est permis. La prostituée a une seule intention, donner du plaisir à ses clients et recevoir en contrepartie une récompense monétaire.

Samson fait un échange que beaucoup d'entre nous fons. Il échange son argent pour avoir un temps de plaisir, au moins d'après lui c'est l'argent qu'il perdait. À cause du plaisir il va mélanger son corps avec une prostituée, mais il donna plus que son argent, ce son corps qu'il a offert, ses émotions et même sa communion avec Dieu.

Frères et sœurs, une relation sexuelle est plus qu'un acte physique, c'est une liaison émotionnelle et spirituelle. À celui à qui vous donnez votre corps, vous donnez vos émotions.

Ma Pasteure disait que à chaque fois que quelqu'un se relationné sexuellement avec une autre personne, une part de chacun reste dans l'autre. Une part qui peut vous lier à cette personne pour toute la vie. L'homme consacré à Dieu, était maintenant en moitié prostitué, à cause du plaisir.

Cher lecteur, jusqu'où allez-vous pour vous procurer du plaisir ? Une fois de plus Samson se fait piéger par le manque de fruits de l'Esprit. Il venait de prendre sa femme, émotionnellement l'héro juif était abattu.

Un conseil je vous donne, frères et sœurs, ne laissez pas vos émotions fatiguées être au centre de vos décisions. Il était en manque, frustré, abattu, possédé par besoin de se changer les idées, c'est qui ne pas mauvais lorsqu'on agit correctement.

Après avoir quitté la prostituée, la Bible dit que l'héro juif aima une autre femme. Une fois de plus, une femme qui habitait parmi les Philistins, son nom Délila, la femme de la destruction.

Frères et sœurs, la première femme de Samson l'avait trahi, et lorsqu'il décide d'aimer quelqu'un d'autre, il alla encore choisir parmi les traitres, une erreur grave. Samson ne savait pas tirer leçon de ses erreurs du passé. Combien de nous répètent les mêmes erreurs, croyant qu'ils auront un résultat différent, croyez-moi c'est ne pas la foi, chez nous en France nous appelons une telle personne folle.

Comment pouvons-nous ne pas tirer leçons de nos erreurs du passé ? Souvent notre historique est blanc comme la neige, et là nous devons apprendre à tirer leçon des erreurs d'autres personnes.

Notre héro n'avez pas pris ces choses en considérations. Il aima Délila. Une fois de plus, le mauvais choix du futur(e) conjoint(e).

Délila avait un contrat avec le princes Philistins, la tête de Samson en échange d'argent.

Sa mission, découvrir la source de la force de compagnon, elle essaya trois fois sans succès, après cela la Bible dit qu'elle tourmenta Samson jusqu'à la mort. Notre héro n'était pas guérit de sa faiblesse émotionnelle et une fois de plus il va céder à la pression, par amour et manque de maîtrise de soi. Cette fois-ci, son manque d'intelligence émotionnelle allait le coûter ses yeux et sa vie.

Avant de continuer laissez-moi vous poser une question, qu'elle est votre faiblesse ? Pour Samson c'étaient les femmes et le plaisir sexuel. Important de dire que votre faiblesse est la seule porte de tentation que le diable possède pour vous détruire. J'irai plus loin disant que lorsque vous ne vous maitrisez pas, le diable n'a pas besoin de vous détruire, car vous le ferai tôt ou tard.

Il avoua son secret à Délila qui l'endormi sous ses genoux et rasa ses cheveux. Lorsqu'elle finit de raser ses cheveux, comme pour les autres fois, elle cria *Samson les Philistins sont sur toi*. Avant de continuer il est important de dire qu'elle déclarait ces paroles pour les trois fois que Samson avait mentit, il était presque évident qu'elle préparé quelque chose de mauvais, mais Samson à cause de l'amour trouva ces choses normales.

Frères et sœurs, l'erreur de Samson était d'ignorer les signes. Combien de nous ignorent les signes de la vie et sont condamnés à payer les conséquences ?

Une femme demanda à un prédicateur, *mon futur mari a tendance à agresser physiquement sa mère, mais il m'aime, dois-je me marier avec ? Me frappera-t-il un jour ?* Le prédicateur répondit, les signes sont là. Comment pouvez-vous prétendre que celui qui frappe sa mère ne vous frappera pas ?

Respectons les signes, devant le feu-rouge, arrêtons-nous, car avancer veut dire mettre notre vie en danger.

Je finirai avec une dernière erreur de Samson. À son réveil, l'héro déclara en lui-même*, je m'en sortirai comme les autres fois*, ignorant que la présence de Dieu l'avait quitté.

Le Saint-Esprit avait quitté Samson depuis le jour qu'il commença à désobéir les lois de Dieu. L'erreur de Samson est de confondre la présence de Dieu et la gloire de Dieu.

Pour éclairer vos idées, voici ce que la Bible dit, Dieu ne se repent pas ses dons.

Par dons j'entends la gloire, ils sont la conséquence de la présence de Dieu, cependant, ils ne sont pas des facteurs d'indication de la présence de Dieu.

Lorsque Seigneur est avec vous et en vous, sa gloire vous accompagne automatiquement, car la présence de Dieu est source de gloire.

Cependant si la présence de Dieu vous quitte, sa gloire ne partira pas immédiatement, elle part petit à petit comme le coucher du soleil. La manifestation de la gloire n'est pas une assurance de la présence de Dieu, de même la gloire n'attire pas la présence.

Le dom de Samson était toujours en action, mais sans Dieu il avait un délai de validité, ce jour-là le dom avait expiré et l'héro était tombé.

Combien de nous sont comme Samson, la liste des erreurs de Samson est longue, l'héro est mort avec ses ennemis, celui qui avait tout pour être le plus grand libérateur juif et un grand juge, réduit son ministère à 20 ans à cause de ses erreurs.

Vos erreurs détermineront la durée de votre vie sur terre.

Je laisserai la parole de Dieu parler pour moi.

> **Honore ton père et ta mère, afin que tes jours se prolongent dans le pays que l'Éternel, ton Dieu, te donne.**

Ne soyez pas comme Aaron

La Bible est un livre d'héros, nous en avons dans les écritures saintes un grand nombre d'hommes et femmes dont la vie est une source d'inspiration. Notre prochain personne est compté parmi ces héros, la plupart de nous l'avons connu grâce à son frère, le grand libérateur Israélien, Moïse.

Aaron est son nom, un homme connu comme le prophète de son frère en Égypte, pour ensuite devenir le grand sacrificateur du peuple de Dieu.

Ne sont pas beaucoup les épisodes de la vie d'Aaron que devait être dans ce livre, j'ose croire que vous avez une petite idée de l'erreur que nous allons traiter dans ce chapitre.

Exode 32 est le chapitre que vous devez lire avant de continuer votre lecture.

L'histoire dit que Moïse devait retrouver le Seigneur à la montagne pour un moment unique, quarante jours qu'allait changer l'histoire de l'humanité, en nous donnant les dix commandements.

Notre leader est absent, mais le peuple ne peut pas se conduire par lui-même, Aaron doit prendre le bâton pour un court temps, malheureusement il a échoué dans sa première décision entant que leader.

Le peuple lui demanda de faire un dieu qui marcherait devant eux, une occasion pour lui de ramener le peuple de retour aux bras de Dieu, combien de prédicateur, évangéliste aurai aimer être à la place d'Aaron pour rappeler au peuple qui est Dieu, celui qui délivre et garde dans sa main sure.

La suite de l'histoire vous l'avez lu, Aaron accepta la proposition du peuple et blasphéma contre Dieu. J'aimerai parler d'Aaron entant que leader, chef, responsable du groupe, car il est important de comprendre son erreur et ne jamais le reproduire. Dans le livre "Après le déluge" je parle en quelques mots de la crise et les leaders, je parle que la crise révèle la qualité du leader, et la qualité du leader détermine la sante du groupe.

Aaron faisait face à une crise spirituelle du peuple. Israël avait sa foi placée en Moïse, ils voyaient Dieu à travers le libérateur, rester plus d'un mois sans Moïse semblait être une éternité, car l'absence de Moïse représentait pour le peuple l'absence de Dieu.

La première erreur d'Aaron est qu'il n'a pas su approcher le peuple et Dieu, il avait la responsabilité de veilleur sur leur santé émotionnelle, je comprends que le peuple soit en manque de Moïse, car chacun de nous est unique à son genre, mais nous avons le même Dieu, Moïse, Josué, Aaron, David, peu importe le vase, l'instrument utilisé, le Seigneur est le même, comment expliquer l'absence de Dieu lorsqu'ils ont un homme de Dieu parmi eux.

La Bible dit que nous sommes ambassadeurs de Christ sur terre, nous sommes appelés à représenter le Seigneur dans nos groupes, familles, dénominations, entreprises et universités. Nous devons enseigner, guider par l'exemple et activer la vie de prier dans nos groupes. Sans ces trois choses votre groupe se retrouvera dans une crise spirituelle, un manque de Dieu capable de susciter un eux le désir de commettre de sacrilège contre Dieu.

Aaron n'a surement pas pris le temps d'enseigner le peuple, de rappeler les actes de l'Éternel, il n'a surement pas dit "ainsi dit l'Éternel". Chers lecteurs, je m'adresse mainmettant à tous les pères, chefs de famille, comment voulez-vous que votre femme et vos enfants aient une vie spirituelle saine lorsque vous ne les enseignez pas ?

Lorsque vous arrêtez de donner "l'ainsi dit l'Éternel", vous obligez votre famille à croire que Dieu est absent parce que leader ne parle plus de sa part. Ce même principe s'applique dans nos dénominations, entreprises, universités et partout dans nos groupes sociaux, lorsque le leader ne donne plus "l'ainsi dit de l'Éternel", le groupe commence à entrer dans une crise spirituelle, qui conduira à une crise émotionnelle et ensuite la blasphème se produit.

Activer la vie de prier du groupe est très important pour sa santé spirituelle et émotionnelle. J'ose affirmer que pendant l'absence de Moïse, son frère Aaron n'a pas conduit le peuple à la sanctification, il n'a pas établi de programmes de prière.

> **Lorsque le manque d'enseignement rencontre le manque de prière, la vie de péché est inévitable.**

Pour finir, la vie exemplaire du leader est le secret de la santé d'un groupe.

> **Dans le leadership, l'exemple vient avant les ordres.**

Une fois de plus j'ose croire que le grand sacrificateur Aaron n'avait pas était perçu en train de prier et passer du temps avec Dieu. Le leader n'a pas l'autorité morale de demander au groupe de faire ce qu'il ne fait pas lui-même.

Tous les éléments présentés précédemment ont fini par pousser le peuple à pécher contre Dieu. Ils ont demandé à Aaron de faire un dieu, comme les dieux égyptiens faits par la main des hommes, cela m'apprend que la crise spirituelle peut pousser un enfant de Dieu à désirer sa vie avant Jésus.

Aaron à son tour, par manque de maîtrise de soi, manque de courage, finira par ouvrir une grande porte d'idolâtrie. Il conduit le peuple de retour à l'Égypte, cette fois-ci, une Égypte spirituelle, avec une atmosphère d'idolâtrie. Une fois de plus, je parlerai de l'importance de savoir dire non, un leader cher père, pasteur, mère, entrepreneur, n'est pas un réalisateur de rêve.

> **Savoir dire non est la plus grande démonstration d'amour du leader pour son groupe.**

Aaron n'a pas su gérer le stress, la pression et surtout ses émotions. Laissez-moi vous dire une vérité importante, votre caractère ne pas celui qui vous afficher pendant un culte d'adoration, pendant que tout va bien dans votre couple, entreprise ou dénomination, non ! votre caractère, votre vraie personnalité est révélée lorsque vous êtes sous-pression.

Le cœur d'Aaron était encore en Égypte, mais personne ne le savait, jusqu'au moment où il est sous-pression. Le cœur attaché à l'Égypte se révèlera toujours sous-pression.

Que faites-vous et comment réagissez-vous sous-pression ?

La réponse à cette question est votre vrai caractère. Un homme sage m'a dit un jour, qu'on ne connait pas suffisamment une personne tant qu'on ne l'a pas encore vu énervée et agir sous-pression.

Aaron se voit dans une situation que tout leader doit faire face, la tension, le stress et surtout beaucoup de pression. Il est important de comprendre que gérer ses émotions et sentiments est tout d'abord la conséquence d'une bonne communion avec le Saint Esprit. Cependant, beaucoup sont ceux qui ignorent l'importance d'une vie émotionnelle saine. Laissez-moi vous dire frères et sœurs, la plupart de problème et tentation que nous avons ne sont pas spirituelle, elles sont émotionnelles.

Ces tentations auront un impact spirituel, n'oublions pas que derrière une action physique ou émotionnelle peut se cacher une intention spirituelle. De même une tentation spirituelle peut devenir émotionnelle avec toujours l'intention de vous détruire spirituellement.

Le peuple dit à Aaron de faire un dieu qui marcherait devant eux, ils étaient en train de tenter sa foi, une tentation spirituelle, mais ils ont insisté, murmuré et commencé à exercer une pression sur Aaron. Cette pression n'a pas pour objectif tester sa foi ou sa spiritualité, elle est faite pour tester sa résistance émotionnelle, sa capacité à gérer et maîtriser ses émotions.

Une tentation qui se révèle spirituelle peut changer de facette en gardant le même objectif. Les enfants d'Israël savaient que lorsqu'un homme tombe émotionnellement, il finira par tomber spirituellement.

Aaron savait que faire un dieu ainsi comme adorer un était un acte d'idolâtrie, mais la pression subit à finit par influencer sa décision. Attention, la pression subit n'a pas changé sa foi ou sa façon de voir les choses, parce qu'il savait que c'était mauvais, la pression à changer sa décision du moment. L'erreur d'Aaron était de croire qu'une mauvaise décision prise sous la pression serai pardonnée par Dieu. Frères et sœurs, une mauvaise décision est une mauvaise décision, prise sous pression ou non. Nous aimons utiliser la phrase de ceux qui ne savent pas gérer leurs émotions, à connaître ''je n'avais pas de choix''.

Nous avons toujours un choix. Lorsque Moïse descend de la montagne, Aaron veut le faire comprendre qu'il n'avait pas le choix, tu connais ce peuple dit-il à Moïse, une façon de dire je n'avais pas le choix.

Frères et sœurs, que pensez-vous que le peuple allé faire à Aaron s'il refusé de faire le veau d'or ?

Maintenant, pensez à ce qui s'est passé après, au nombre de personne qui étaient morte à cause de sa décision, répondez sincèrement a-t-il aider ou détruit le peuple ?

Une autre erreur est celle de croire qu'une mauvaise décision prise sous pression n'aura pas de conséquences. Vous devez comprendre que la mauvaise décision prise sous-pression semble amener une paix et un calme, mais en vérité elle est une bombe à retardement.

Je finirai ce chapitre avec une vérité que tous les leaders devraient savoir avant de prendre une décision, lorsqu'il y a un problème ou un disfonctionnement dans le groupe, seul le leader est blâmé.

Je parle ici de la famille, d'une dénomination, entreprise, d'un groupe de danse, un club de foot, un magasin, peu importe le groupe, si vous êtes un leader, attention à vos décisions, car les membrés du groupe ne seront jamais blâmé. Après le péché d'Eve et Adam, le Seigneur descend pour parler à l'homme sachant qu'ils avaient péchaient, Eve fut la première à manger le fruit, cependant, le Tout-Puissant s'adressa à Adam et non à Eve, parce que le leader établi dans le jardin c'était Adam.

De même pour votre famille cher mari et père, vous êtes le leader, attention à vos décisions car vous aurez de compte à rendre.

Je me souviens de toutes les fois que mon père spirituel, le pasteur Buka Bele, me blâmé entant que leader de la jeunesse. Il m'a appris que c'était à moi qu'il avait confié les jeunes de notre dénomination alors c'était à moi qu'il demandera des explications, c'est moi qu'il devait blâmer quand quelque chose n'était pas correcte. Aaron n'avait pas compris que le leader est toujours la cause de…

La cause du succès et la cause de l'échec.

Les principes de la leçon
- Le premier ennemi du leader c'est sa personne.
- L'émotion du leader ne doit pas parler plus fort que ses principes et valeurs.
- Une bonne décision sauve une nation, une mauvaise détruit un peuple.
- Dieu peut vous défendre auprès du peuple, mais le peuple ne peut rien faire pour vous.

Aaron a fait une image pour représenter Dieu, lorsqu'il devrait lui-même être un ambassadeur de Dieu.

Ne soyez pas comme Aaron.

Ne soyez pas comme Ananias et Saphira

Notre étude biblique continue, cette fois-ci, différemment à tout ce que nous avions vu jusqu'à présent, nous aurons deux personnages. Un couple membre de l'église primitive, morts avant le temps à cause des erreurs que nous parlerons à partir de maintenant. Leurs prénoms, Ananias et Saphira ou comme j'aime les appeler ''le couple menteur''.

Notre étude est fondée sur les écrits de Luc à Théophile, nous allons analyser ensemble chaque verset de l'histoire de couple et en tirer de leçons sur des erreurs à ne pas reproduire.

Nous sommes bien dans le livre d'Actes des apôtres dans son chapitre cinq en commençant par le premier verset.

Mais un homme nommé Ananias, avec Saphira sa femme, vendit une propriété, et retint une partie du prix, sa femme le sachant ; puis il apporta le reste, et le déposa aux pieds des apôtres.

Verset 1 et 2

Luc raconte l'histoire de ce couple avec beaucoup d'intelligence, j'aimerai parler des erreurs d'Ananias en suite de l'erreur de Saphira sa femme.

La Bible dit qu'Ananias vendit, Ananias garda et Ananias apporta. Cette révélation me fait conclure que l'idée de vendre, de garder et d'apporter est venu de lui ; cet homme a eu une mauvaise idée et ensuite réussit à convaincre sa femme à participer dans son péché.

Quelle erreur frères et sœurs, un homme qui est censé protéger son épouse, se trouve à jouer le rôle de Satan pour la détruire.

La première erreur d'Ananias est qu'il détruit la personne qu'il devait protéger. Il a une idée en tête, certainement conscient de conséquences, mais malgré tout, il décide de faire participer sa femme dans un acte de désobéissance contre Dieu.

Je m'adresse à tous les parents, tous les maris, chefs d'états, pasteurs et leaders, en quoi engagez-vous les personnes que vous devez protéger ?

Combien de fois nous exposons les personnes que nous devrions protéger ? Les parents qui exposent leurs enfants à la violence physique, verbale et sexuelle, la même petite fille ou le même garçon qu'ils devaient protéger est celui qu'ils agressent, ils détruisent leurs vies émotionnelles, à cause de leurs propres plaisirs. Ananias veux-tu mentir ? Je te conseil de ne pas le faire, mais à cause du mal qui est dans ton cœur, tu finiras par le faire, je te demande de ne pas entraîner ton épouse dans ta chute, ne soit pas comme Eve.

Suis-je en train de dire qu'il faut faire le mal ? Loin de là frères et sœurs, le message est clair, vous avez la responsabilité de protéger vos enfants, votre épouse, vos employés, les membres de votre dénomination, vos clients, alors si ça arrive que vous tombiez, assurez-vous que ces personnes ne tombent pas avec vous. Je me demande comment un homme peut prendre son épouse, sa fiancée ou petite-amie et l'associer à sa vie de pornographie. Un jeune-homme qui regarde la pornographie avec sa petite-amie pense l'exciter pour après profiter de son corps, mais en réalité il détruit la personne qu'il devait protéger.

L'apôtre Paul dit d'aimer nos épouses comme Christ à aimer l'église, de donner sa vie pour son épouse et non de détruire la vie de la personne que vous êtes censé protéger. Comment vous pouvez associer à votre péché quelqu'un que vous devez protéger du péché. L'homme est le chef de la femme, il est le pasteur de la maison, le sacrificateur de la famille, son travail est de protéger et empêcher la mort de toucher sa maison, comment peut-il être l'incarnation du diable et détruire sa maison ?

La deuxième erreur d'Ananias est de plus en plus commun de nos jours, il garda pour lui, quelque chose qui ne l'appartenait pas. Jésus dit « *donnez à César ce qui lui revient, de même donnez à Dieu ce qui lui revient* ». Ananias n'avait surement pas lu ce verset, il voulait partager avec Dieu. Frères et sœurs, Jésus nous a laissé un conseil de vie, une vérité qui permet de vivre bien avec Dieu et les hommes, donnez à César -homme- ce qui lui revient, et faites de même avec Dieu.

Combien de nous veulent partager la gloire avec Dieu, voici ce que la Bible dit *Ils disaient d'une voix forte : L'agneau qui a été immolé est digne de recevoir la puissance, la richesse, la sagesse, la force, l'honneur, la gloire, et la louange.*

Apocalypse 5 vs 12

Frères et sœurs, la puissance, la richesse, la sagesse, la force, l'honneur, la gloire et la louange appartiennent à Dieu, il en est digne, Jésus est digne de recevoir toute louange et gloire… Lorsque vous jugez être digne ou méritant de tout ce qui est dit ci-dessus, sachiez que le virus Ananias s'est installé en vous.

Ne cherchez pas à partager avec Dieu. Suis-je en train de dire que nous ne pouvons pas être riche ou sage ? Loin de là, le message est clair, confiez-vous à l'Éternel et faites de lui votre force, ne vous vantez pas de la richesse que le Seigneur vous a donné, Chris est votre richesse. Samson voulait partager la force avec Dieu, il a dit « *je m'en sortirai comme les autres dois* » et Dieu ? Je n'en ai pas besoin, ma force me suffit, vous connaissez tous comment il est fini.

La force de Samson c'est Dieu, lorsque vous oubliez le Seigneur à cause de la bénédiction ou du dom qu'il vous a donné, le virus Ananias s'est installé en vous.

Ne pas redonner à Dieu ce qu'il nous a donner est un signe de la présence du virus Ananias en nous.

Le Seigneur demanda à Abraham d'offrir Issac son fils, Abraham fit ce que le Seigneur ordonna, car Abraham compris qu'il ne pouvait pas partager Isaac avec Dieu, il n'était qu'un gérant, le propriétaire d'Isaac c'est Dieu.

Aujourd'hui nous avons une génération d'Ananias, qui souhaite partager, avec Dieu, le corps que le Seigneur leur a donné.

Dimanche à l'église, vendredi soir dans une boite de nuit, Dimanche devant la sainte église du Seigneur en train de servir, Lundi devant une vidéo pornographique. Ce que vous appelez *"mon corps"* ne vous appartient pas, c'est le corps que Dieu vous a donner, à gérer pendant un court temps, il appartient à Dieu.

N'essayez pas de le partager avec Dieu, car lorsque quelqu'un se refuse de donner à Dieu ce qui lui revient, la mort est sa destination, je parle ici de mort physique, financière, émotionnelle et spirituelle.

Adam et Eve voulaient partager le fruit avec Dieu, résultat, la mort spirituelle, la séparation avec Dieu. Le Roi David a voulu partager Bath-Schéba avec Dieu, conséquence, il a perdu trois enfants, le Roi a connu la mort émotionnelle.

Ananias a voulu partager l'argent avec Dieu, conséquence, la mort physique. Pour finir laissez-moi vous dire que les choses ne seront pas différentes pour vous, en cas de désobéissance, partagez votre corps avec Dieu et vous finirai en enfer.

Troisième erreur d'Ananias, mauvaise usage de l'influence. J'ose croire que l'idée de mentir au Saint-Esprit est venu d'Ananias, conscient de son pouvoir d'influencer sa femme, il amena à la mort la personne qu'il devait protéger. Frères et sœurs, comment utilisez-vous votre pouvoir d'influence ? Avant de répondre à la question précédente, répondez-moi, est-ce de l'influence que vous exercez ou la manipulation ?

Maintenant, vous pouvez répondre à mes questions.

Permettez-moi de vous parler de Saphira. La Bible dit qu'elle était en accord avec son mari, cette femme avait la possibilité de choisir, entre le bien et le mal, son choix vous le connaissez tous. Elle n'a pas sur dire non à la proposition de son mari. J'insiste sur le fait que cette ligne de pensée, n'engage que moi.

Pour la quatrième fois, le ''savoir dire non'' revient dans notre étude. Ma question est la suivante, pourquoi a-t-elle dit oui ?

Nous allons analyser ensemble quelques réponses.

    1- Par manque de compréhension de la parole déclarée par Paul « Femmes soyez soumises à vos maris »

Beaucoup de femmes pensent qu'être soumise veut dire vivre sous la domination de leurs maris. Elles accepter tout et n'importe quoi, voire même désobéir Dieu à cause de leurs époux. La soumission dont Paul parle est révélée par Dieu dans l'Eden lorsqu'il dit *« L'Éternel Dieu dit : Il n'est pas bon que l'homme soit seul ; je lui ferai une aide semblable à lui. »* La femme soumise est l'aide semblable de son mari. Il est dit dans le livre de vie, *une femme sage bâtit sa maison ;* de même Salomon dit que la femme prudente vient du Seigneur. L'aide semblable est la femme sage et prudente. En confondant soumission et vivre sous la domination de leurs maris, beaucoup de femmes ont fini par pécher contre Dieu, ne pas accomplir leurs missions sur terre et surtout détruire leurs vies et familles.

2- Par manque de sagesse et prudence.

Une femme sage construit sa maison, elle refuse les propos mal saints de son mari, elle dresse son mari, elle revoit les pensées de son mari pour l'aider à prendre la décision correcte, elle sait dire non.

La sagesse ne rien de plus que savoir appliquer la connaissance que nous possédons. Saphira ne savait-elle pas que mentir c'est un péché ?

Savoir et appliquer ce qu'on l'on sait ne pas la même chose. Une femme est faite pour être la sagesse de la maison. C'est pourquoi elle a la responsabilité de construire, parce qu'elle sait comment placer les briques les uns sur les autres sans que le mur tombe.

Je parlerai de la prudence comme la capacité à anticiper et éviter les dégâts. Saphira n'a pas su voir la mort devant elle et son mari, par conséquent elle n'a pas pu empêcher le mal de détruire son couple. La prudence est dans toutes les femmes, c'est à vous de le travailler, chère aide, car vous en aurez besoin pour protéger votre mari, vos enfants, votre ministère et mission.

Lorsqu'une femme manque la sagesse et la prudence, le diable efface son couple de la liste de personne à détruire, car il sait que la femme folie fera parfaitement ce travail.

Pierre lui dit : Ananias, pourquoi Satan a-t-il rempli ton cœur, au point que tu mentes au Saint-Esprit, et que tu aies retenu une partie du prix du champ ? S'il n'eût pas été vendu, ne te restait-il pas ? Et, après qu'il a été vendu, le prix n'était-il pas à ta disposition ? Comment as-tu pu mettre en ton cœur un pareil dessein ? Ce n'est pas à des hommes que tu as menti, mais à Dieu.

Verset 3 et 4

Une fois de plus notre ami Ananais me surprend, d'après le dire de l'apôtre Pierre nous pouvons remarquer deux erreurs d'Ananias. La première est que Dieu ne l'avait pas demandé cet argent, ni Dieu ni les apôtres. Cette une décision personnelle avec une mauvaise intention derrière.

Frères et sœurs, lorsque vous vous engagez à faire quelque chose pour Dieu ou pour les hommes sans aucune motivation de leur part, n'ayez pas de mauvaises intentions derrière. Quand je m'engage à faire quelque chose pour Dieu ou pour un homme avec une derrière pensée, mon acte s'appelle manipulation. Certaines personnes peuvent dire « c'est intention de donner qui compte » nous avons un adage un portugais qui s'adapte bien à cette situation, l'enfer est rempli de bonnes intentions.

> *De boas intenções o inferno está cheio.*

La deuxième erreur est liée à un principe, *si c'est pour Dieu qu'on le fait, alors faisons-le correctement.*

Vendre le terrain est une bonne chose, apporter l'argent à l'église en est une autre, mais elles ne sont pas correctes lorsqu'on garde une part de la somme totale de la vente.

Laissez-moi illustrer mes propos avec un exemple. Le matin une mère dit à sa fille de faire à manger pour ses petits frères. En rentrant du travail, elle voit les garçons à table sans rien à manger, la fille allongée et complétement fatiguée. La maman étonnée demande à sa fille, *pourquoi est-ce que les garçons n'ont pas manger ?* épuisée la jeune fille répond, *j'ai nettoyé et ranger toute la maison et ensuite fait la machine, je suis épuisée.* En faisant plusieurs tâches à la maison, la jeune fille agit bien, faisant une bonne chose, cependant, en fin de journée elle n'a pas pu faire la seule chose qu'elle devrait vraiment faire, les petits garçons n'ont pas à manger, ainsi nous pouvons dire que cette jeune fille a fait ce qui était bon et non le correcte.

Faire ce qu'il faut, quand il faut, nous appelons ce sens de responsabilité faire ce qui est correcte.

Je le répète encore une fois, si c'est pour Dieu que nous le faisons, alors faisons-le correctement.

Les principes de la leçon

- Ne jamais entraîner les autres dans nos erreurs et péchés.
- Ne jamais détruire les personnes que nous devons protéger.

- Savoir dire non aux propositions du diable (même lorsqu'elles viennent de votre mari) sauvera votre vie.
- Un homme fou a besoin d'une femme sage et prudente.
- Un homme qui cherche à partager avec Dieu ce que ne lui appartient pas, finira par détruire le peu qu'il doit gérer.
- Eve mangeant le fruit avant Adam ; Ananias eu le péché dans le cœur avant sa femme. Dans un couple n'importe qui peut être la porte d'entrée de la mort.

Ne soyez pas comme Démas

Car Démas m'a abandonné, par amour pour le siècle présent, et il est parti pour Thessalonique ;

2 Timothée 4

Nous sommes en train de tendre à la fin de notre étude biblique, mais comment peut-on parler d'erreur et action à ne pas reproduire sans parler de Démas ?

Le verset ci-dessus nous raconte l'un des épisodes le plus triste de la Bible. L'apôtre Paul tant à la fin de sa mission et en écrivant à son fils spirituel, Thimothée, il parle d'un acte de trahison et d'abandon de la foi, la source de ce scandale est bien notre prochain personne. Son prénom, Démas, un homme dont la Bible parle peu. Cependant, les quelques phrases qui mention Démas sont importantes pour nous, avec nous apprenons sur une erreur à ne jamais reproduire.

L'apôtre Paul, le même qui écrit avec passion et amour, l'homme qui nous amène par de révélations profondes à comprendre le royaume de Dieu, ce même homme écrit avec un cœur brisé, imaginez le l'état d'esprit de Paul en écrivant cette lettre. Le vieil homme écrit conscient que ces jours sur terres sont arrivés à la fin, il se voit prêt de la mort et abandonné par un disciple. Lorsque vous lisez le chapitre quatre de la deuxième épitre de Paul à Thimothée, vous verrai un Paul avec un cœur brisé.

L'apôtre dit que Démas l'avait abandonné, par amour pour le siècle présent. Lisant ce verset, je me suis posé la suivante question, pourquoi a-t-il abandonné Paul ? Nous parlons de Paul, le plus grand des apôtres, que vous soyez pasteur ou non, marcher avec Paul est plus qu'un rêve. Cependant, Démas abandonna Saul, pourquoi ?

La Bible dit que Démas abandonna l'apôtre par amour pour le siècle présent, cet acte à ne pas reproduire n'est que la conséquence de plusieurs choses dont il n'a pas fait attention.

Le conformisme.

La première est le conformisme.

L'apôtre Paul dit dans la carte aux romains, *ne vous conformez pas au siècle présent…* Cette vérité nous permet de comprendre l'une de sources de l'amour que Démas avait pour le siècle présent. Important de dire que l'amour un fruit, la conséquence d'une ou plusieurs racines.

Personne ne peut aimer le monde sans être conforme au monde. Je définirai le conformisme comme soumission et prise de forme de…

Lorsque Paul dit de ne pas se conformer au siècle présent, l'apôtre nous exhorte à ne pas se soumettre au monde et à ses propositions, de même à ne pas laisser le monde nous donner sa forme, faisant de nous comme son image.

La soumission ici est l'acte d'abandonner sa propre vision, laissant le monde déterminer nos pensées et actions.

Démas s'est conformé au siècle présent, il a laissé le monde guider ses pas, contrôler ses pensées et actions. Il est dit dans la parole de Dieu, *celui qui est conduit par l'Esprit est enfant de Dieu*, de même frères et sœurs, celui qui est conduit par le monde, restant soumis aux plaisir et propositions du monde, se conforme au monde et est esclave du siècle présent. Que personne ne vous trompe frères et sœurs, celui à qui vous vous soumettez exerce un pouvoir sur vous, celui qui vous guide possède le pouvoir de sauver ou de détruire votre vie. Le monde ne peut pas nous sauver, alors celui qui se laisser conduire par le monde signe sa condamnation et détruit son âme.

C'est pour la liberté que Christ nous a affranchit, vous n'êtes plus esclave du monde, vous êtes enfant de Dieu, votre guide s'appelle Saint-Esprit, c'est à lui que vous devez vous soumettre.

Le conformise est une prise de la forme donnée par quelqu'un d'autre. Se conformer au siècle présent veut dire prendre la forme, ressembler, au siècle présent.

N'abandonnons pas notre assemblée, comme c'est la coutume de quelques-uns...

Hébreux 10 vs 25

Qui sont-ils ces quelques-uns ?

Le monde représente toutes ces personnes qui abandonnent notre assemblée. La Bible dit que c'est la coutume, habitude, pratique normale, de quelques-uns, de ceux qui se conforme au monde. Lorsque vous vous conformez au monde, penser et agir comme le monde devient votre coutume, une habitude, une pratique normale, je dirais même obligatoire, ne vous attendez pas à produire de fruits de l'Esprit, tant que le monde et votre modèle.

Démas s'est conformé au monde, il ne savait pas que le conformisme crée l'amour pour le monde. Frères et sœurs, ne vous conformez pas au siècle présent, aux messages et propositions qui vous envoient les médias, aux propositions de votre chair, aux choix qui semblent normaux à cause du nouveau siècle, soyez comme Jésus-Christ, il est le même hier, aujourd'hui et éternellement.

Le conformisme est l'une de plus grandes armes que le diable utilise aujourd'hui pour détruire nos valeurs, nos familles, la société, et surtout notre communion avec Dieu.

Le poids du ministère

Après avoir parlé du conformisme, je pense que le poids du ministère associé au conformisme gère l'abandon inévitable.

Frères et sœurs, le monde spirituel est fait de responsabilité et fardeau. Chaque responsabilité amène avec soi un fardeau.

Voici ce que la Bible dit, *On demandera beaucoup à qui l'on a beaucoup donné, et on exigera davantage de celui à qui l'on a beaucoup confié.* Jésus lui-même dira
« *Prenez mon joug sur vous et recevez mes*

instructions, car je suis doux et humble de cœur ; et vous trouverez du repos pour vos âmes. Car mon joug est doux, et mon fardeau léger. »

Il nous décharge de nos fardeaux en nous donnant le sien. La vie en Christ ne veut pas dire liberté sans fardeau, elle est libre avec de responsabilités qui apporte des fardeaux.

Je pense qu'il n'est pas nécessaire de parler du fardeau de l'apôtre Paul, nous le connaissons tous. Apôtre de païens d'après son appel, Paul portait un fardeau qui s'exprime simplement par le principe céleste qui dit qu'on demandera beaucoup à qui l'on a beaucoup donné, et on exigera davantage de celui à qui l'on a beaucoup confié.

L'apôtre devait voyager au tour du monde, se retrouver plusieurs fois sans confort, exposer sa vie à la mort tout le jour pour amour à Christ, se priver d'une femme, parce qu'il n'avait pas le temps d'en prendre soin, face à toutes ces choses nous avons Démas, quel fardeau lourd à porter pour un homme sans expérience personnelle avec Dieu.

Nous devons savoir que le fardeau est lourd pour nous tous, beaucoup plus pour quelques-uns, c'est vrai, mais à chaque de nous Dieu confie une mission, cette responsabilité apportera un fardeau dans son sac.

Laissez-moi vous donner quelques vérités à comprendre au sujet du fardeau du ministère ou de la mission.

- Le fardeau ne pas une punition, mais une aide qui nous permet d'être transformer à l'image de Dieu.
- Personne ne peut être heureux en Christ sans fardeau. Prend ta croix et suit moi, déclara Jésus.
- Votre fardeau ne détermine pas votre gloire, c'est plutôt la gloire qui détermine le poids du fardeau.
- Dieu ne vous demande pas pour vous donner, il demande parce qu'il a beaucoup donné.
- Ton fardeau révèle ta grandeur ainsi que la gloire que Dieu a mise en toi.
- Le fardeau vous donne le caractère qu'il faut pour assumer vos responsabilités et accomplir la mission.
- Il n'y a pas de responsabilité et responsable sans fardeau.
- Porter la croix c'est un choix, le fardeau est une obligation, cependant sans la croix il n'y a pas de gloire.

- Celui qui ne résiste pas aux poids du fardeau, finira par abandonner.
- Nous sommes en manque de personnes responsables parce que personne ne veut porter ses propres fardeaux.
- Les fardeaux sont de faiseurs de leaders.

Mais pourquoi est-ce que le fardeau semble lourd ?

Premièrement, parce qu'il est lourd. Cependant, il est important de comprendre que son poids dépend de votre intimité avec celui qui vous a confié la mission. Il est dit que "avec Dieu nous ferons" mais sachiez frères et sœurs, que celui qui plante et celui qui arrose sont en même pied d'égalité, car la gloire est pour celui qui fait pousser. Le fardeau semble lourd lorsque vous preniez la place de celui qui fait pousser, contentez-vous de planter ou d'arroser, vous verrai qu'en agissant de sorte le fardeau sera moins lourd.

En deuxième, nos attentes frustrées. Lorsque vous avez des attentes et que sur le terrain les choses semblent aller à l'opposé de vos attentes, le fardeau semble très lourd. Concentrez-vous sur Christ et attendez en lui, attention aux attentes frustrées.

Dès nos jours, les attentes frustrées sont de de plus en plus présentent, avec les réseaux sociaux le degré de comparaison et d'attente augmente. Car certaines personnes ignorant les fardeaux et le parcours de personnes qu'elles admirent, veulent attendre leur niveau. Combien sont les jeunes prédicateurs ou même les anciens qui rêve de d'avoir un ministère comme celui de Benny Hinn, Chris Oyakhilome, Athom's Mbuma, Roland Dalo, TD Jakes, et beaucoup d'autres prédicateurs élevés. Mais ces personnes oublient qu'il vous faut de déceptions, tentations, abandons pour devenir TD Jakes. Lorsque ces personnes commencent à servir le Seigneur, elles ont des attentes, elles espèrent voir Dieu faire de miracles par leurs mains, que le Saint-Esprit impact de vies par leur ministère. Cependant, elles oublient que le Seigneur notre Dieu a lui aussi des attentes. Les attentes de Dieu se cache dans le fardeau.

Le Seigneur a oint David roi, par le prophète Samuel, à ce moment-là, le jeune berger se crée des attentes, son imagination l'amène dans le palais royal, il imagine sa belle reine, ses princes, il a des attentes, mais Dieu a aussi des attentes, il imagine un roi selon son cœur, un roi intégré, et pour se fait il doit tuer le Saül qui habite en David. Il est important de comprendre que tant que Dieu ne tue pas le Saül qui est en vous, il ne vous permettra pas de s'installer sur le trône.

Pour tuer le Saül qui habitait en David, Dieu va se servir des fardeaux, parce que la croix est un fardeau et non une responsabilité ou mission. La mission de Jésus était de sauver l'humanité, le moyen d'accomplissement était la croix. Les fardeaux que nous avons sont en vérités les moyens d'attendre la gloire. David a connu de temps difficile, il a même demandé la mort, mais différemment à Démas, il n'a pas abandonné la foi. Ne laissez pas vos attentes frustrées vous éloigner de Dieu, parce que le fardeau semble lourd.

Ce fardeau est en vérité le moyen que Dieu a de tuer le Saül, le monde, qui habite en vous.

Démas n'a pas laisser le Seigneur Jésus tuer le monde qui était en lui. Le fardeau est lourd, mes attentes sont frustrées, je m'attendais à être riche avec le ministère, à voyager dans le confort, à faire beaucoup de miracles, à être heureux, mais ce fardeau est lourd. Ne venez pas en Dieu, ne vous lancez pas dans le service du Seigneur avec des attentes émotionnelles, laissez-vous conduire par le Saint-Esprit. Je vous laisse méditer sur les paroles de l'apôtre Paul, je prie que le Saint-Esprit parle à vos cœurs.

Mais ces choses qui étaient pour moi des gains, je les ai regardées comme une perte, à cause de Christ ; Et même je regarde toutes choses comme une perte, à cause de l'excellence de la connaissance de Jésus-Christ mon Seigneur, pour lequel j'ai renoncé à tout, et je les regarde comme de la boue, afin de gagner Christ.

Philippiens 3 vs 7-8

> **Celui qui est dans le ministère n'a plus de vie. Sa vie s'appelle Christ.**

Manque de compréhension de la loi de la semence.

La loi de la semence dit que lorsqu'une graine est lancer à terre, le semeur doit attendre un très bon moment, tout en prenant soin de la graine, pour pouvoir avoir un arbre et ensuite de fruits.

Ce principe condamne la vie de beaucoup de personne. Le manque de patience en est la cause.

Démas fait partie de ces personnes incapables d'accepter le principe de la loi de la semence. Elles veulent planter et récolter le lendemain, souvent ils ne veulent pas planter mais incroyablement possède la foi de récolter.

Démas regardait Paul et surement voulait être comme, il voulait aussi faire de miracles, être rempli du l'Esprit-Saint, prêcher devant les foules, avoir de révélations extraordinaires de la part de Dieu, il oublia le principe de la loi de la semence, car ce qu'il voyait était le fruit d'une semence qui avait été planté plusieurs années avant lui. David est oint roi à l'âge de 17 ans, cependant, c'est à l'âge de 30 qu'il devient le roi confirmé sur un trône. Vous ne pouvez pas désirer le roi confirmé sur le trône, désirez le 13 ans de souffrance et croissance de la semence. Aujourd'hui, nous vivons dans un monde Fast Food, les repas ne sont plus consistants, il n'y a presque plus de nourritures saines à cause du manque de temps et de l'impatience des hommes. Dès nos jours, les gens préfèrent paraître à la place d'être. Ils n'ont plus la patience d'attendre la semence mourir, germer, devenir un arbre et ensuite donner de fruits, ils préfèrent acheter un fruit au marché et faire croire qu'ils ont un arbre à la maison.

Démas à côté du plus grand apôtre que les hommes ont connu, son cœur veut vivre les choses merveilleuses qu'il voit, il veut attendre ce niveau de gloire, être prophétique comme Paul, vivre le surnaturel, mais il oublie que le fruit qu'il désire est la conséquence d'un long temps d'attente. Frères et sœurs, Dieu ne peut pas former un apôtre en une semaine, il ne peut pas faire un roi en un mois, le grand musicien qu'il dit de vous ne pourra pas se faire en sept jours, laissons la semence obéir au processus qui lui permettra de devenir un arbre et vous donner de fruits.

Laissez-moi vous donner un exemple, les haricots en conserve ou en boite sont déjà cuits, mais n'espèrent pas avoir le même goût des haricots que maman ou votre épouse prépare. Parce que le temps de préparation ne pas le même, de plus votre temps d'attente ne pas le même. L'impatience est un grand ennemi du ministère, le fardeau n'ai jamais léger pour un impatient.

L'impatience vous empêche de profiter du temps présent, de voir Dieu en action, de louer en attendant les fruits, vous restez tellement concentré sur vos attentes, que le fardeau du présent semble très lourd sans le fruit du futur.

La vie semble toujours difficile et tragique pour les impatients, le mariage semble toujours une punition pour eux, parce que l'impatient ne sait pas prendre plaisir du processus, son cœur sera toujours dans la frustration.

Le Fils de Dieu a fait trente ans de préparation pour un ministère de trois ans et demi, il a attendu trente et trois ans et demi pour une action de quelques heures. La patience est un fruit de l'Esprit, une conséquence de votre communion avec le Saint-Esprit, en vérité l'impatient ne peut pas être conduit par l'Esprit de Dieu.

L'impatience frustre la vision, elle attache les mains du serviteur et endurcit son cœur.

Les principes de la leçon

- Se conformer au monde c'est prendre sa forme et vivre soumis à sa loi.

- Dieu veut tuer le Saül qui est en vous, avant de nous placer sur le trône.
- Le fardeau ne pas plus lourd que la gloire.
- L'amour du monde est la conséquence de notre conformisme.
- Celui qui n'est pas patient ne doit pas semer.
- Abandonner Paul veut dire condamner notre propre vie.
- Du monde vient le plaisir, Christ donne le besoin.
- Mieux vaut obéir que sacrifier, mais l'impatient ne fait ni l'un ni l'autre.
- Être libre ne veut pas dire se déconnecter de sa source, Dieu.

Ne soyez pas comme Démas.

Ne soyez pas comme Guéhazi

Je bénis le Seigneur pour sa connaissance, je crois que chacun de vous, frères et sœurs, est béni par les vérités écrites dans ce livre.

Nous continuons l'étude avec un nouveau personnage, c'est fois-ci nous retournons à l'ancien testament, précisément à l'époque d'Élysée, prophète du Seigneur, pour apprendre avec les erreurs d'un jeune-homme appelé Guéhazi.

Comme pour les autres personnages, je vous conseille de lire le chapitre cinq du livre de 2 Rois.

Êtes-vous prêts ? Super, c'est parti.

Guéhazi était le serviteur d'Élysée, j'ose croire que le prophète préparait ce jeune-homme pour une succession de succès. De même qu'Élysée a reçu d'Elie, l'homme de Dieu savait qu'il devait donner à quelqu'un, parce que l'œuvre du Seigneur continue après la mort d'un serviteur.

La guérison de Naaman se fait par l'ordre d'Élysée, cet homme syrien voulait offrir au prophète, mais l'homme de Dieu n'accepta pas son offrande. C'est ici que Guéhazi fait son apparition, il alla à la rencontre de Naaman, au milieu de son chemin de retour à la maison, il prit ce que le prophète avait refusé et par conséquent la lèpre que le prophète avait guérit est venu sur lui.

Lorsque vous lisez l'histoire de Guéhazi, certaines erreurs sont visibles et faciles à détecter. Le mensonge, l'amour à l'argent, l'impatience, l'orgueil…

Laissez-moi vous dire deux vérités que Guéhazi ignorait. La première est qu'il allait sûrement devenir le prochain prophète d'Israël, un homme de Dieu respecté et honoré, les cadeaux et les privilèges étaient déjà dans sa destinée. Une vérité qui nous permet de comprendre la première grave erreur de Guéhazi.

Précipiter les choses, vouloir vivre dans le présent ce que Dieu a pour nous dans le futur. Le roi Salomon dit « *Ne réveillez pas, ne réveillez pas l'amour, Avant qu'elle le veuille.* »

Le message est clair, n'amenez pas au présent ce que Dieu vous réserve à vivre dans le futur, même lorsqu'il vous le révèle. Le problème est que la plupart de ceux qui tombe dans l'erreur de Guéhazi, ne sont pas au courant de ce que Dieu veut faire dans leurs vies. Certaines en sont conscient mais l'amour du plaisir du moment, ils tombent dans l'erreur.

Guéhazi est conscient de ce que le Seigneur peut faire dans sa vie, il est le serviteur d'Élysée, le futur prophète, mais à cause de l'orgueil, de l'impatience et de l'amour à l'argent, il tombe dans le péché. Attention au test de caractère.

Dieu ne peut pas donner la direction du pays à un prophète non testé ou tenté. Au moment de sa tentation, Guéhazi à échouer. Frères et sœurs, sachiez qu'à chaque fois que Dieu met devant vous les privilèges du futur, vous devez faire preuve de caractère. N'appelez pas cadeau divin à un test de caractère.

Le Seigneur avait promis le trône d'Israël à David, Samuel l'avait oint roi d'Israël, cependant, Saül était encore sur le trône, le roi fou menaçait de tuer David. Un jour lorsque Saül poursuivait David, il se fatigua, pendant qu'il dormait, il ne savait pas mais le roi était à la merci de David, tout semblait être un cadeau divin, une opportunité de tuer le roi actuel pour monter sur le trône. Cependant, David se refusa de toucher au roi oint du Seigneur, il refusa d'amener le trône du futur dans le temps présent. Cela n'étonne personne que le Seigneur appelle ce petit berger, l'homme selon le cœur de Dieu.

Le sexe avant le mariage n'est rien de plus qu'un péché d'impatience, l'orgueil de vivre dans le présent ce qui est réservé pour vous dans le futur.

Dès nos jours, beaucoup sont ceux qui détruisent leurs ministères, couples, familles, destinées à cause du virus Guéhazi, vouloir vivre dans le présent ce que Dieu réserve pour eux dans le futur.

La deuxième vérité, est que l'offrande de Naaman avait le poids de sa lèpre.

Je n'oublierais jamais ce jour de Dimanche, nous avions reçu de cadeau de la part de nos dirigeants spirituels, chaque responsable de département reçu une boite de lait à partager avec ses collaborateurs. L'un de chefs de départements avait reçu sa boite et se refusa de la partager avec ses collaborateurs, il a pris pour lui seul. Quelque temps après il semblait qu'il était mort spirituellement. Je pense aussi à ce jeune serviteur non-consacré ou confirmé, qui alla prêcher la parole dans une dénomination et à la fin, il reçut l'offrande du prédicateur.

Il se refusa de le donner à son père spirituel, sans le savoir le jeune prédicateur avait détruit sa vie et ministère.

Ces deux exemples ont une chose en commun, il y a un temps où nous n'avons pas encore l'endurance spirituelle pour profiter des privilèges.

Frères et sœurs, lorsque quelqu'un est délivré d'un esprit impur, et qu'il décide d'offrir à Dieu pour sa délivrance, une vérité spirituelle peu connue se cache derrière son offrande. Le poids de la délivrance descend sur l'offrande, celui qui le prend doit être sûr d'être en mesure de faire face aux esprits impurs. L'offrande de Naaman avait le poids de sa lèpre, seul Élysée pouvait la prendre, son niveau spirituel et sa position de consacré lui donnait accès à l'offrande. Mais l'homme de Dieu se refusa, peut-être à cause de l'orgueil de Naaman.

Après la guérison de Naaman, sont offrande n'est plus qu'un simple cadeau, c'est plutôt la lèpre. C'est peut-être pour ça que le prophète Élysée déclare qu'il n'était pas encore le temps de recevoir, Guéhazi n'était pas encore oint, consacré à Dieu, alors il ne devait pas penser à l'offrande. Lorsque je vois cette génération sans loi, sans limite, qui peut tout, je me demande combien d'être nous sont lépreux sans le savoir.

Comprendre le temps et les saisons est le secret majeur du succès d'un ministère. L'homme de Dieu qui ne respecte pas le temps et les saisons finira lépreux.

Je reviens au caractère, un point très important pour chacun de nous.

Frères et sœurs, le caractère, comme déjà mentionné dans ce livre, c'est qui vous êtes sous-pression. J'aimerais élargir la définition du caractère, il est la réaction aux propositions de notre monde extérieur et intérieur.

En 2019 prêchant dans une rencontre de jeunes, je parlais du caractère et de combien il est important d'être une personne de caractère. Lorsque je parle de caractère, je parle du bon et non du mauvais.

Le caractère est la capacité à rester le même pendant son parcours de vie. Le changement sont obligatoires pour un homme, je le sais, rester le même ici veut dire garder ses valeurs, rester fidèle à ses principes, aux principes de Dieu, garder le bon en devenant meilleur.

Un futur prophète qui ment à cause d'argent, voici comment je peux décrire Guéhazi, quelqu'un qui disait et vivait dans la vérité jusqu'au moment où il a reçu une proposition du monde extérieur qui activa son vrai être intérieur.

Les problèmes de l'humanité peuvent être résumés en un seul, le manque de personne de caractère. Qu'est-ce que j'aime Joseph, un jeune-homme de caractère, qui pouvait coucher avec la femme de son seigneur et avoir beaucoup plus de privilèges, mais il dit non, il est resté fidèle aux valeurs de son Dieu, à ses valeurs. Combien sont les personnes, enfants de Dieu, serviteurs dont les valeurs ont un prix, ils ont attribué un prix à la loi de Dieu, pour une femme belle de figure je vends la loi de Dieu, le diable dit à Jésus, prosterne-toi devant moi et je te donnerai ces royaumes, il était en train de fixer un prix à l'obéissance de Jésus, à son caractère et   soumission, à la loi de Dieu.

Jésus déclara « *tu adorera le Seigneur ton Dieu, lui seul...* » frères et sœurs, de même que nous chantons « jamais je saurai combien à coûter le prix payé pour mes péchés » la loi de Dieu, l'obéissance à sa loi, nos valeurs n'ont pas de prix.

Guéhazi révèle un caractère non ferme, il est capable de mentir pour deux fois, tout d'abord il ment à Naaman, et contre toute attente le fils de prophète ment à l'homme de Dieu, son père spirituel. Frères et sœurs, ne vous trompez pas, un péché appelle un autre péché, un niveau de mensonge appelle un autre. L'homme qui devait dire à Israël ''ainsi dit l'Éternel'' se retrouve dans une situation-à cause de ses ambitions- où il doit mentir à son père dans la foi. Voici une autre erreur de Guéhazi, il a déshonoré son père dans la foi.

La parole de Dieu est claire, *honore ton père et ta mère…* je parlerai ici de pères biologiques et spirituels. Combien sont ceux qui déshonoré leurs parents ? Honorer veut dire donner une valeur, un prix. Quel prix donnez-vous à vos parents ?

Honorer son père et sa mère veut dire :

- Se soumettre à leur autorité.
- Garder leurs enseignements.
- Rester fidèle à leurs valeurs.
- Être comme.

Guéhazi devait se dire, c'est un petit mensonge et rien de plus, mais en vérité, il a brisé les lois établies. Frères et sœurs, aujourd'hui le virus Guéhazi s'est installé dans beaucoup de ceux qui s'appelle enfant de Dieu, ils ne se soumettent pas à leurs pères biologiques et spirituels, la génération ''je sais tout'' ne garde pas les enseignement et valeurs reçu de ses parents, ils veulent créer leurs propres lois, infidèles aux valeurs reçus, ils ressemblent à tout sauf à leurs pères. Que personne ne vous trompe frères et sœurs, il n'existe pas de fils ou fille sans père et mère, de plus, cet n'ai pas au fils ou à la fille de montrer le père, c'est le père qui présente le fils, c'est le père qui reconnait le fils. Le Seigneur notre Dieu dit « « Voici mon fils… »

Tant que le père ne vous a pas reconnu et présenté, vous ne pouvez pas agir sur terre.

Le fils peut être plus élevé en dignité que le père, mais il ne sera jamais plus âgé que lui. C'est dans l'âge du père qui se cache son savoir, sa position, son autorité et son expérience. Déshonorer le père est le début d'un échec et de perte sans réparation. Guéhazi ne devint jamais le prophète d'Israël, à cause de son péché, il a détruit son ministère et privé le peuple d'avoir un prophète.

Les principes de la leçon

- L'impatience est l'ennemi de la perfection.
- Vos promesses du futur ne vous donnent pas de droits au présent.
- Un péché appelle un autre.

- Celui qui ment à son père coupe la connexion avec la source.
- Le fils fait ce qu'il a vu le père faire et non le contraire.
- Pour manger le sacrificie fait au tabernacle il faut être mis à part.
- L'offrande de Naaman se change en lèpre après sa guérison.
- Il y a un temps pour travail sans rémunération.
- Le privilège est pour le prophète et non pour les fils de prophète.

Ne soyez pas comme Guéhazi.

Ne soyez pas comme Saül

Notre étude biblique va vers son terme, nous sommes bénis jusqu'ici et j'ose croire que nous le serons encore par les vérités de ce chapitre. Notre prochain personnage est le premier roi d'Israël, vous trouverai son prénom dans la liste de prophète d'Israël, son prénom Saül.

Notre étude est partagée en deux chapitre. Nous allons premièrement lire le chapitre treize de 1 Samuel et ensuite nous ferons la lecture du chapitre quinze.

Prenez le temps de lire le premier chapitre, ensuite continuez votre lecture.

À partir du chapitre treize, nous pouvons remarquer deux grandes erreurs de Saül. La première, en attendant que le prophète, souverain sacrificateur et juge Samuel arrive au lieu du sacrifice, Saül remarqua un léger retard de la part de l'homme de Dieu, il attendit sept jours selon le terme fixé par Samuel, après cela le roi prit la décision d'offrir lui-même à Dieu. L'erreur est donnée par un principe, savoir-faire ne te donner pas la permission de faire.

Paul dit que tout est permis, mais tout n'est pas utile. Cependant, attention frères et sœurs, certaines choses ne sont permises, pour ce qui est de l'Éternel tout n'est pas permis.

Saül savait comment faire un sacrifice, il a assisté à plusieurs holocaustes, il était roi, oint, mais limité par l'interdiction du Seigneur. Frères et sœurs, la connaissance que Dieu vous donne ne pas une autorisation pour faire.

C'est l'orgueil qui le pousse les gens à croire que savoir-faire est une permission pour faire. Vous pouvez savoir prêcher sans nécessairement le faire, vous savez faire une délivrance, super, mais vous n'avez pas la permission d'en faire une sans permission. Ne vous aventurier pas à faire par connaissance sans permission divine.

La deuxième erreur de Saül est un manque de responsabilité, il dit à Samuel que le peuple était le responsable de son péché, qu'il avait agi sous-pression. Un leader qui ne sait pas assumer ses responsabilités est un suiveur avec titre.

Comme Adam, Saül veut convaincre le Seigneur qu'il a péché à cause de la création. En vérité il disait aussi à Samuel que s'était sa faute, parce que le peuple l'a mis sous-pression à cause du retard du prophète, quel manque de responsabilité. Frères et sœurs, celui qui avoue ses péchés obtient miséricorde, soyez homme, soyez responsables, dites à Dieu comme le fils prodigue, j'ai péché contre le ciel et contre toi, je ne suis plus digne. Dieu aime le pécheur sincère, mais il abomine le pécheur orgueilleux. Avant de passer au chapitre suivant, j'aimerais revenir sur la maîtrise de soi, les fruits de l'Esprit.

Le peuple met le roi sous-pression, mais il sait très bien à qui doit-on obéir, en vérité Saül par son acte révèle son manque de caractère.

Certains points reviennent, il est important de le comprendre, pour ne pas le reproduire.

Je vous laisse quelques minutes pour la lecture du deuxième chapitre, 1 Samuel 15.

Une fois de plus nous voyons un Saül désobéissant, un homme sans limite, qui n'écoute plus Dieu, il fait absolument ce qu'il veut. J'ose croire qu'avec le temps Saül à mal compris les paroles que Samuel l'avait fait savoir le jour de sa consécration.

Et quand ces signes-là te seront arrivés, fais [tout] ce qui se présentera à faire ; car Dieu est avec toi

1 Samuel 10 vs 7

Saül avait oublié qu'il avait une limite dans le faire tout. La Bible dit que tout est permis, mais tout n'est pas utile, je ne dois pas me laisser dominer par tout. Le roi avait laissé le pouvoir, la gloire dominer sur la loi et les dires de Dieu.

Frères et sœurs, celui qui a fait de Saül roi est plus glorieux que la gloire de Saül. Combien de nous laisse leur position sociale, statut, titre, responsabilité, réputation dominer sur eux, à telle point qu'ils oublient la loi de Dieu.

Nous allons voir ensemble les quatre erreurs de Saül dans ce chapitre.

La première erreur de Saül est tirée du neuvième verset de notre chapitre. Après avoir reçu l'ainsi dit de l'Éternel, le roi avait la responsabilité d'obéir à l'ordre de Dieu. Cependant, en arrivant à Amalek, le roi oublia l'ordre de Dieu, pourquoi ?

Nous avons deux réponses à cette question.

La première est le poison de l'orgueil. La Bible précise qu'il n'a pas voulu dévouer à l'interdit tout ce qu'il y avait de bon. Le désir de posséder les bonnes choses, les richesses, le meilleur de tout ce qu'Amalek possédait, poussa Saül à désobéir à Dieu.

Comme dit précédemment, l'orgueil est le père de tous les autres péchés, peu importe le péché qui vous lie, l'homme péché à cause de son orgueil. C'est par orgueil que les hommes mentent, tuent, pratique l'immoralité sexuelle, l'orgueil vous poussera toujours à désobéir Dieu.

Le roi Saül voulait se procurer des richesses, il pensait à sa gloire, renommé, parce que l'orgueil place le "moi" devant Dieu.

Nous le savons tous que Dieu résiste aux orgueilleux. L'humilité fait partie de l'ADN de Dieu, cela veut dire qu'il est impossible d'être en Christ et vivre avec l'orgueil.

La deuxième erreur de Saül est tirée du verset treize. L'orgueil du roi donna naissance aux mensonges, devant le prophète Samuel, le roi affirma qu'il avait obéit à l'ordre de l'Éternel, son orgueil l'avait aveuglé au point où sa conscience ne le reproche plus.

Frères et sœurs, ne vous trompez pas, votre conscient est un juge juste. Lorsqu'un homme ment à son conscient et à une autorité spirituelle, la destruction de sa vie et mission est plus que certaine.

Le mensonge est un péché qui ne marche jamais seul, il a avec soi l'hypocrisie. Comment appelez-vous un homme qui dit le contraire de ce qu'il fait ? Menteur et bien sûr hypocrite, car vous ne pouvez pas séparer l'hypocrisie du mensonge. Comme dit ma future femme, l'hypocrite et le menteur son frères du même père et mère.

Le mot pour hypocrite en grec est le même qu'acteur. Celui qui interprète un personnage-qui n'est pas sa vraie identité-, qui possède plusieurs visages. Un acteur se met à pleurer dans sa prestation en même temps que dans son vrai être, il saute de joie. C'est un interprète, le roi Saül était un grand interprète, il est conscient d'avoir mal agit, mais devant l'homme de Dieu, il joue le rôle d'une personne satisfaite de son obéissance à la parole de Dieu.

Le problème de cette génération modernisée, est que tout semble devenir normal, le mensonge et l'hypocrisie sont plus présente que la vérité. Les propositions du monde, le siècle où paraitre est plus important qu'être, aujourd'hui plus que jamais nous avons besoins des hommes et femmes vrais, disons non au virus de Saül.

La troisième erreur du roi est visible dans le verset 24. Une fois de plus le roi révèle un sens de manque de responsabilité. Comme pour la première fois, le roi affirme que le peuple est le seul responsable de son acte. Israël avait un roi incapable d'assumer ses actes, un leader incapable d'avouer ses erreurs et péchés.

Frères et sœurs, le leader n'est pas un petit dieu parfait, personne parmi les fils des hommes peut espérer attendre la perfection et rester longtemps sur terre. Je ne fais pas apologie à la culpabilité et aux erreurs de leaders, l'objectif est de nous faire comprendre que l'erreur est humaine, le leader doit apprendre à reconnaître ses erreurs et si possibles les éviter.

Je ne m'adresse pas seulement aux leaders, chacun de nous frères et sœurs, doit être responsables pour ses actes. La faute est toujours du diable et des personnes qui nous entoure, cette idéologie est le début de la destruction d'une vie de succès. Vous ne pourriez grandir et s'améliorer tant que vous donniez la responsabilité du succès ou de l'échec de votre vie à quelqu'un d'autre.

J'aimerais finir ce chapitre avec une triste vérité sur la vie de Saül que je vois beaucoup d'entre nous reproduire. Je pense que la plus grande erreur de Saül est la désobéissance à la parole de Dieu, plus qu'une erreur cela est un péché. Cependant, j'aimerais vous présenter l'erreur d'immaturité de Saül, un problème spirituel et émotionnel, l'erreur de poursuivre l'héro du peuple.

Frères et sœurs, Dieu ne pas limité par l'autorité de l'homme, il peut élever un autre héros que vous, pendant que vous êtes encore roi. Quelqu'un qui délivre le peuple, qui détruit les ennemis du royaume et protège les intérêts du roi. Ne laissez pas les chants de femmes vous tromper.

Saül pécha contre le Seigneur notre Dieu, son trône fit donner à quelqu'un d'autre, mais il était encore roi, les gloires d'Israël étaient réservées à lui et non au petit berger. Le roi vu en David un héros avec le potentiel et la grâce susceptible de faire de lui un roi. Il oublia alors que c'est par David que le Seigneur délivrait le peuple, son orgueil parla plus fort que son intelligence.

Je ne cesse de le dire, l'orgueil est le père de tous les péchés, il vous rend aveugle, incapable de faire usage de votre intelligence, il joue avec vos émotions et ambitions disant, David n'est pas un héros, il est un ennemi à abattre.

Chaque Saül a dans son royaume un David, un homme fidèle à son roi, qui combat ses guerres, qui protège son peuple, un homme qui semblent être plus fort et glorieux que le roi, comprendre que ces personnes ne sont pas nos ennemis mais des aides venant de Dieu est une grâce, un acte de justice et sagesse.

Voyons ensembles les conséquences de combattre le héros que Dieu met à côté de vous comme aide. Lorsque je parle d'héros, je parle d'un fils spirituel qui semble avoir beaucoup plus de dons activés que son père, de celui qui fait correctement l'œuvre de Dieu, au point d'attirer sur lui les regards de femmes qui chantent, Saül tua ses milles, David tua ses dix-milles.

1- Lorsque vous combattez le héros du peuple, vous perdez la vision et le focus.

L'ennemi à combattre n'était pas David, l'orgueil de Saül l'aveugla et le roi perdu la vision, n'est-ce pas l'union du royaume l'une de plus grande responsabilité du roi ? Il a perdu la vision et comme conséquence, il a perdu le sens de responsabilité. Combien de Saül sont en train de combattre David ? Ils divisent alors qu'ils devaient unir.

Perte de focus, concentration sur la mauvaise cible. Cela ne m'étonne pas que Saül perdu dans son dernier combat contre les philistins, car le roi investissait ses énergies dans le mauvais combat.

Lorsque vous persécutez vos David, les philistins de vos vies auront le temps de se fortifier pour vous détruire. Cher pasteur, les jeunes-gens ne sont pas vos ennemis, ne vous concentrez pas sur eux, fortifiez chacun d'eux car ce sont vos héros.

2- Poursuivre David en vérité c'est l'approcher du trône.

Frères et sœurs, si Saül n'allait pas entrer dans un mauvais combat contre la vie de David, le trône serai à lui pour encore beaucoup d'années. Il avait l'impression de poursuivre David, de faire de lui un criminel, en vérité il faisait de lui un roi solide, un homme brisé, un homme dépendant de Dieu, toutes ces caractéristiques manquaient à David, mais par la folie de Saül, Dieu a rendu David sage, tout ce qu'il fallait pour avoir le trône.

3- Manque de ressources.

Frères et sœurs, imaginez l'armée de Saül sans la présence du plus vaillant soldat d'Israël, comment peut-on être motiver lors d'un match, lorsque le meilleur jouer du club n'entre pas sur le terrain avec nous ?

Saül se retrouve sans ressources, l'homme qui gagnait ses guerres ne plus avec lui, non par trahison mais par l'orgueil du roi. Combien de dénominations sont détruites à cause de pasteur Saül, les responsables de départements Saül, qui veulent tuer les David à cause de l'orgueil. Ils oublient toute fois que David occupe une place que personne ne peut remplacer, David a l'expérience sur ses épaules, la grâce et l'onction sur sa tête, il est une ressource importante pour nous. Les hommes orgueilleux préfèrent vivre sans ressource et s'affaiblir à condition de garder la gloire pour eux.

    4- Vivre d'échec en échec.

J'ose croire que toutes les années où David a combattu pour Saül, le seigneur Dieu accordé la victoire au peuple à cause de la présence de David. Comment peux-je dire cela ?

L'Esprit de l'Éternel avait quitté Saül, le roi n'avait plus la couverture du ciel, au moment où il repousse David loin de lui, il attire pour soi une vague d'échec.

Les principes de la leçon

- L'obéissance vaut mieux que tout.
- La présence de Dieu est plus importante que tout.
- Seul l'orgueilleux ne se rend pas compte de l'importance de vivre dans la présence.
- Ne jamais combattre quelqu'un qui risqué sa vie pour les intérêts de Dieu.
- Poursuivre et chercher la mort des héros du peuple est la plus grande démonstration d'orgueil d'un leader.

- Le leader prend les choses en main, il sait qu'il est responsable de tout y compris de erreurs des autres.

Ne soyez pas comme Saül.

Ne soyez pas comme le roi David

La Bible est un livre d'héros, de la Genèse à Apocalypse elle nous présente plusieurs vaillants hommes et femmes. Notre prochain personnage est sans doute l'un des héros le plus connus et respectés du livre saint. Son prénom David, le deuxième et plus grand roi d'Israël, l'homme selon le cœur de Dieu, le guerrier qui joue à la harpe.

Entant que guerrier, le roi David possédait un palmarès de rêves, il n'a perdu aucun de ses combats, il a détruit tous ses ennemis et légué à son fils un royaume de paix et prospérité.

Cependant, il ne pas possible de parler David sans faire mention de ses erreurs, l'homme selon le cœur de Dieu collectionne plusieurs best-sellers dans sa bibliothèque d'erreur. Je pouvais écrire un livre concentré sur les erreurs et péchés de David, le roi nous étonne avec des erreurs et péché comme la mort de son officier à l'échange de son plaisir personnel. C'est de cette épisode de l'histoire du roi David que nous allons traiter dans ce chapitre.

La parole de Dieu est notre repère, je vous invite à lire le chapitre onze de 2 Samuel avant de continuer votre lecture.

Nous allons lister les erreurs de David à ne pas reproduire, d'après ce qui est écrit dans la Bible Sainte.

    1- L'abandon de poste.

Le premier verset de notre chapitre d'étude révèle la première erreur du roi David. La Bible dit que à l'époque où les rois partent en campagne, David resta en Jérusalem, quelqu'un dira que les responsabilités royales obligées le roi à demeurer dans la ville sainte. Cependant, n'oublions pas que la première responsabilité 'd'un roi est de protéger son peuple, de plus, David était guerrier avant d'être roi.

Lorsqu'il ne se présente pas dans la bataille, il abandonne son poste, il s'absente du lieu de transformation.

Comme dit précédemment, David était d'abord guerrier, sa position de roi est une conséquence de son être guerrier. Dieu a oint un roi dans le secret, mais il a présenté un guerrier un public. Face à Goliath, le Seigneur se servit du guerrier et non du roi, le problème de beaucoup de nous, serviteurs, pasteurs, leaders est le manque de compréhension de la différence entre le guerrier et le roi.

Le guerrier est votre identité, vous êtes enfant de Dieu, la royauté est la position qui vous avez comme conséquence de votre relation avec le père. Combien de pasteurs et leaders spirituels oublient qu'ils sont avant tout, enfant de Dieu.

Je n'oublierai jamais ce jour de dimanche où un frère appela l'un de pasteurs responsables d'une dénomination en disant « frère… » le pasteur était simplement hors de lui, je ne suis pas ton frère, je suis ton pasteur disait-il. Voyez-vous comment nous sommes en train d'abandonner le poste, la position de fils à cause des privilèges de la royauté. Cette erreur entraine des conséquences irréparables pour David, car celui qui oublie qui est fils de Dieu à cause de l'appelle ministériel, finira par pécher contre Dieu.

La position de roi ne vous assure pas une bonne relation avec Dieu, combien de roi présent dans la Bible marchèrent sans la crainte du Seigneur notre Dieu, de même combien de pasteur marchent sans la crainte de l'Éternel, ils vivent au-dessus de la loi de Dieu, la parole de Dieu ne les concernes pas, ils tombent dans les mêmes erreurs qu'ils abominent publiquement dans leurs prédications, ils oublient d'être fils, ils ont abandonné la position de fils, par négligence ou par orgueil.

L'abandon du poste est le début de la chute du roi.

    2- L'abandon de ce qui nous a fait roi.

L'abandon du poste est le début de la chute du roi, n'oublions pas que David était guerrier avant d'être roi, la guerre l'a révélé à Israël, la guerre l'a donné le trône, c'est par la guerre qu'il est devenu le roi le plus célèbre d'Israël et de l'histoire.

Lorsqu'il abandonne la guerre, il se déconnecte de la source qui faisait de lui un grand roi. Le pasteur, leader spirituel, père, mari, n'importe quelle autorité établie, qui oublie sa position de fils de Dieu, se déconnecte directement du père. Frères et sœurs, ne vous déconnectez pas des sources qui ont fait de vous le pasteur, mari, épouse, mère, leader que vous êtes. Le mot Abba traduit comme père en français, veut simplement dire la source, celui qui vous fait vivre, celui de qui vous êtes sorti.

Permettez-moi de vous parler d'un principe biblique présenter dans la Genèse. Lorsque Dieu était en train de créer l'univers, il établit un principe, tout d'abord il créé une source et ensuite il ordonné à la source de donner vie à ses habitants. Le Seigneur créa la terre-source- et ensuite ordonna à la terre de produire, de même il créa les mers et océans-source- en suite il ordonna aux eaux de donner vie à tous les animaux aquatiques. Le principe établi par Dieu est le suivant, la vie de chaque créature se trouve dans sa source, lorsqu'une créature se déconnecte de sa source, sa mort est inévitable. Un arbre déraciné de la terre finira par mourir, de même un poisson retiré de eaux de la mer finira par mourir. Il est important de dire que la terre et la mer ne meurt pas lorsque les poissons et les arbres se déconnectent d'elles.

Ce principe s'applique à toutes les créatures, l'homme fut créé à l'image et ressemblance de Dieu, le Seigneur est notre source, notre père, en lui nous avons notre vie, se déconnecter de Dieu veut dire la mort. David se déconnecta de la guerre, du lieu de la révélation, de la rencontre avec Dieu, comme une autorité qui oublie sa position de fils de Dieu, le roi David était loin de la présence de Dieu et le péché allé tôt ou tard entrer dans sa maison.

Combien de nous placent leurs titres et positions au-dessus de leurs relations avec

Dieu, ils sont plus pasteurs qu'enfants de Dieu, ils ont un grand temps pour le salut de autres mais ils ne travaillent pas pour leurs propres saluts.

Vous êtes fils avant d'être... personne ne sera sauvé par sa position, titre et autorité, la position de fils est notre seule assurance de vie.

N'abandonnez pas ce qui fait votre force. La force de David était dans les victoires que le Seigneur l'accordé dans chaque combat, notre force s'appelle Jésus, n'abandonnons pas notre force.

   3- Il affaiblit son arme pendant le combat à cause de son orgueil.

L'abandon de poste et la déconnexion de la source donnent toujours naissance au péché. Le roi se trouvait dans sa chambre lorsqu'il vu une charmante femme qui se baignait, devant cette belle image, le cœur du roi manifesta un péché caché, l'orgueil. Le désir d'avoir pour sa gloire et plaisir, la suite de l'histoire vous la connaissez, le roi laissa son orgueil parler plus fort que l'amour pour le Seigneur.

Comme un bon orgueilleux, David fit le nécessaire pour avoir Bath-Shéba, ainsi son égo était nourri, rien que pour le plaisir d'avoir une femme sur son lit, sans engagement ni sentiments. La femme d'Urie tomba enceinte, comme dit précédemment, un péché entraine un autre, l'orgueil de David le poussa à tomber dans un péché sexuel, son orgueil fait de Bath-Shéba une femme adultère.

Le roi veillait sur sa réputation, son orgueil profita de ce sentiment présent en lui pour le pousser à tuer son soldat en plein guerre. Faisant cela, David a affaibli son armé, au nom de sa réputation il a mis tout le peuple en danger. Combien de nous par orgueil, égo ou amour à la réputation sommes en train de tuer Urie ?

L'homme selon le cœur de Dieu, prend le risque de perdre une guerre, en tuant son soldat qui devait être renommé, pour protéger sa réputation. N'affaiblissez pas votre armée par orgueil, si l'Éternel ne garde pas votre réputation, mille légions seront incapables de le faire.

David désira la femme d'autrui, il tua un homme innocent, il garda sa femme après sa mort, les vérités parlent pour moi, laissez le Saint-Esprit vous parler et ne soyez pas comme David.

    4- La manipulation.

Je finirais ce chapitre en parlant de la manipulation de David. Il fait venir Urie de la guerre, croyant que le soldat allait connaitre sa femme, un plan brillant conçu par la tête orgueilleuse de David.

La manipulation est un moyen par lequel l'orgueilleux trouve un moyen de faire tout tourner à sa gloire, pour son intérêt.

Le manipulateur veut diriger à sa guise. Combien ce facile pour un leader de confondre le vrai leadership et la manipulation. David est passé de l'homme selon le cœur de Dieu à un manipulateur, à cause de sa réputation, le roi conscient ou inconsciemment s'engagea à travailler pour le diable.

La manipulation est l'une de manifestations d'une vie sans Dieu, une vie sans repentance, un cœur rempli d'orgueil. Aujourd'hui nous avons beaucoup plus de manipulateurs que de vrais leaders, les parents manipulent, les pasteurs manipulent, les politiciens manipulent, les conjoints manipulent, nous vivons un temps où le virus David s'est installé dans la vie de milliers de personnes.

Le manipulateur juge être comme Dieu, il pense contrôler le temps et les circonstances, avec beaucoup d'engagement il sert le diable et devint même un diable. Dans la Genèse il est dit que l'homme dominera sur toute la terre, la parole ne dit pas qu'il dominera sr un autre semblable à lui, un Dieu peut il dominer sur en Dieu ? Le docteur Myles Munroe disait que la sorcellerie commence lorsqu'un homme veut dominer sur un autre, de ce fait, le sorcier est celui qui domine sur la vie d'un homme qui lui ait semblable.

La manipulation est comme le péché de la sorcellerie, celui qui prêtant avoir le pouvoir de dominer sur son semblable péché contre le créateur, le Seigneur qui règne sur nous, agit avec beaucoup d'amour et miséricorde, le libre arbitre vient d'un Dieu qui pouvait nous manipuler et nous obliger à agir d'après sa volonté, c'est pour de telle vérité que j'aime mon père céleste.

La gloire qui vient de la manipulation ne diffère pas à celle qui vinent du diable, le manipulateur intimide, il est hypocrite, menteur, doux comme un agneau et dangereux comme un lion. Le roi David donna de présent à Urie, il dit à son soldat de se reposer, profiter de sa femme, quel acte généreux, en vérité ce n'ai que des actions d'un manipulateur, un homme qui veut sauver sa peau, je le redis une fois de plus, l'enfer est rempli de bonnes intentions.

Frères et sœurs, quand il y a trop d'offrandes, le saint se méfie. Le manipulateur vous donne pour avoir un mot à dire sur vous, ses présents sont en vérité des billets d'achat, il achète votre opinion, vos décisions, et commence à influencer votre vie, il vous lie par un sentiment de reconnaissance, vous êtes obligés à faire et agir selon lui, parce qu'il réussit à installer en vous un sentiment de dette envers lui.

Que le Seigneur nous délivre de cette génération de manipulateurs, serviteurs de Satan, ceux qui prennent la place de Dieu, une génération sans Dieu.

Les principes de la leçon

- Se déconnecter de Dieu est un appel à la mort.
- Le guerrier fait le roi.
- Le péché du roi affaibli le guerrier.
- Le manipulateur est un serviteur engagé de Satan.
- Celui qui ne laisse pas le Saint-Esprit dominer sur son orgueil finira comme un manipulateur.
- L'abandon de poste est le commencement de tout péché.
- Le salut est lié à la position de fils et non aux titres et privilèges d'une autorité.

- Une belle femme peut corrompre nos valeurs.
- L'égo mal sain conduit Bath-Shéba au lit royal, mais il assure aussi la mort de son enfant.
- N'oublions pas le faible commencement.
- Jamais oublier de faire retour à la case départ dans la foi, notre premier amour.

Ne soyez pas comme le roi David.

Ne soyez pas comme Adam et Eve

Nous sommes arrivés à la fin de notre étude biblique, il est important de bien comprendre l'objectif de cet ouvrage, nous ne voulons en aucun cas salir l'image de ces héros de la foi, ces hommes et femmes dont la vie à beaucoup à nous apprendre, au contraire, nous voulons apprendre avec les erreurs de chacun d'eux.

> **Celui qui apprend avec ses erreurs est un homme intelligent, le sage apprend avec les erreurs d'autrui.**

Nos derniers personnages forment le premier couple de l'histoire, le premier homme et la première femme, ils ont les père et mère de toute l'humanité, leurs prénoms, Adam et Eve.

Nous sommes dans la Genèse pour apprendre avec ce couple quelques erreurs à ne jamais reproduire. Je vous invite à lire le chapitre trois de la Genèse avant de poursuivre la lecture.

Dans ce chapitre j'aimerai parler du péché, sans doute le plus grand blocage de l'humanité, il empêche l'homme non seulement à avoir une bonne relation avec Dieu, mais aussi à être capable de vivre bien avec soi-même.

Adam et Eve ont désobéit à Dieu, le péché était installé dans l'humanité, contrairement à ce que beaucoup de nous pensent Adam et Eve n'ont pas péchés au moment où ils étaient entrés en contact avec le fruit interdit, le péché avait commencé bien avant.

Le verset six de notre chapitre dit *La femme vit que l'arbre était bon à manger et agréable à la vue, et qu'il était précieux pour ouvrir l'intelligence…* la femme vit que l'arbre était bon, cette image qu'elle conçu dans son esprit, nous l'appelons pensée, cela veut dire que le péché commence dans le champ de la pensée. Les pensées sont les images du cerveau.

Je définirai le péché comme toutes mauvaises pensées destinées à pousse l'homme à désobéir Dieu. Eve vit que l'arbre était bon à manger et agréable à la vue, le péché est bon à manger et agréable à la vue. Cela veut dire qu'il a un goût adorable qui vous pousse à le consommer, à faire et refaire, parce qu'il vous procure du plaisir, bon à la vue de l'homme, bon pour le plaisir et désire de la chair. Combien de saints pécheurs nous avons dans nos dénominations, des hommes et femmes dont le péché, la désobéissance à la loi de Dieu parait bon à manger et agréable à la vue, ils ne passent pas à l'action, mais leurs pensées sont remplies d'images et désire contraire à la volonté de Dieu.

Frères et sœurs, le péché est dans la pensée et dans les yeux, tant que nous ne changerons pas, par la grâce de Dieu, nos pensées et visions, nous serons toujours esclaves du péché. L'apôtre Paul nous exhorte à ne pas se confirmer au siècle présent, à laisser le Saint-Esprit nous transformer par le renouvèlement de la pensée, changement de vision. Tant que l'immoralité sexuelle, le mensonge, la sorcellerie et tous les autres péchés semblent agréables à nos yeux, la vie de péché sera toujours une réalité. Le péché est dans les yeux et dans la pensée parce que le diable sait que l'homme est de nature orgueilleux, alors il envoie de propositions susceptibles d'activer l'orgueil humain, une fois cela activé le péché devient une réalité, n'oubliez pas que l'orgueil est le père de tous les péchés. Lorsque la femme vit que l'arbre était bon à manger et agréable à la vue, son orgueil fit activer, elle commença à désirer l'arbre à cause de l'orgueil, le vouloir être comme Dieu.

Frères et sœurs, le péché ne vous donnera rien que la mort, car ce que vous prétendez avoir par le péché, vous l'avez déjà en Christ. Eve mange et péché pour obtenir la connaissance, être comme Dieu, une identité quelle avait déjà, une triste réalité.

Salomon dit de ne pas réveiller l'amour lorsqu'il dort, de même je vous dis frères et sœurs, le péché ne connait pas la notion du temps, il travaille votre orgueil pour vous pousser à désobéir Dieu, avec l'espoir de vous donner dans le présent quelque chose que Dieu à prévu vous donner dans le futur.

Gehazi en est l'exemple, il vit les richesses de Naaman, son orgueil fit activer, il désobéit le Seigneur son Dieu pour avoir dans le présent ce que Dieu avait pour lui dans le futur.

Le péché vous fera se perdre dans le temps.

Celui qui avoue ses péchés obtient miséricorde, lorsque les mauvaises pensées s'installent en vous, ne tardez pas à confesser et abandonner ces dernières, ne vous trompez pas, personne ne peut combattre le péché, c'est en avouant qu'on obtient miséricorde, l'aide pour dominer sur le péché. Le problème d'Eve est le manque d'humilité et transparence. Elle pouvait parler à son ami, confesser ses mauvais sentiments, le péché caché dans la pensée finira par détruire celui qui le possède. Combien de nous cachent dans leurs cœurs une multitude de péchés, ils pensent que s'en cachant que le péché disparait, mes frères et sœurs, lorsque vous cachez un péché vous êtes en train de le nourrir.

Comme moi, vous vous posez la suivante question, où était-il passé Adam ? D'après ce que je lis, Adam n'était pas loin d'Eve lorsque tout cela arriva, que fait-il pour empêcher sa femme de pécher ? Absolument rien, que sommes-nous en train de faire entant qu'église fasse à cette génération de pécheurs, une génération sans Dieu, nous les voyons être tentés, pécher et mourir sans rien dire. Celui qui n'a pas de pitié pour le pécheur n'a pas encore connu Christ. Adam avait lui-même un manque de miséricorde, d'amour sincère pour sa femme. Frères et sœurs, l'amour sincère condamne le péché, lorsqu'un homme ne fait rien pour empêcher son frères et sœurs de pécher, il finira par pécher avec eux. Adam n'a-t-il pas manger ?

Nous n'arrivons pas à condamner le péché parce que nous sommes encore sous son influence.

L'erreur d'Eve était de cacher le péché et ne pas le partager, celui d'Adam était de ne pas condamner. Il y a-t-il une différence entre celui qui péché et celui qui ne condamne pas le péché ?

 Je vous dis en vérité, les deux sont coupables devant Dieu.

La Bible précise qu'après avoir mangé, Eve donna aussi à son mari, il mangea avec elle. Quelle mauvaise foi de la part d'Eve. Elle pèche contre Dieu et ensuite elle entraine quelqu'un d'autre dans son péché, c'est le virus Lucifer, pourquoi pécher seul quand nous je peux pécher et détruire beaucoup de vies, c'est la pensée de Lucifer qui était installée en Eve.

Combien de nous conscient ou inconscient, entraine les autres dans leurs péchés, ils envoient et vendent leurs propositions pour faire davantage de victimes. À son tour Adam est plus coupable que sa femme, cet homme avait entendu de Dieu l'interdiction de toucher à l'arbre et au fruit, à cause de son émotion, sentiment, intimité avec Eve, il oublia son intimité avec Dieu. Une génération qui veut faire plaisir à tout le monde sauf à Dieu, la génération Adam. Il disait, je mangerais pour faire plaisir à Eve, comme aujourd'hui à cause de l'acceptation beaucoup de nous désobéissent aux lois de Dieu, faire plaisir aux hommes est devenu leur seul désir.

Vous êtes libres, sauvés et aimés par Jésus-Christ, vous devez votre vie à cet homme, voulez-vous faire plaisir à quelqu'un, alors faite plaisir à Jésus-Christ.

Le salaire du péché c'est la mort, la séparation avec Dieu, comme dit précédemment, le Seigneur est notre source, lorsque nous sommes loin de lui par le péché, la mort devient notre compagnon de vie.

Gloire soin rendu à Dieu pour la vie de notre Seigneur Jésus, pour sa mort et résurrection, en lui nous étions morts et vivons aujourd'hui.

Que le Seigneur parle au cœur de chacun, peu importe combien d'année vous êtes dans le Seigneur, votre communion avec le Tout-Puissant dépend de l'abandon du péché et de la remise de votre vie entre les mains de celui qui sait et peut tout, Jésus-Christ.

Les principes de la leçon

- Le salaire du péché c'est la mort.
- Le péché éloigne Dieu de vous.
- Celui qui ne condamne pas le péché ne fait que pécher inconsciemment.
- Cacher le péché est le début de la destruction de l'âme.
- Celui qui avoue ses péchés obtient miséricorde.

Ne soyez pas comme Adam et Eve.

Soyez comme Jésus

Jésus-Christ est notre modèle en tout et pour tout, nous avions écrit un livre intitulé "Jésus-Christ le livre" dans celui-ci vous trouverai les vérités sur l'homme de Nazareth. Nous parlons de son nom et identité, les secrets du ministère et beaucoup d'autres vérités sur l'homme le plus important de l'histoire.

Nous vivons et mourons pour Jésus, pour lui et par lui toutes les choses ont été créées. Il est l'exemple parfait de la soumission, amour, foi, miséricorde, sainteté, en lui toute la loi fit accomplie et rendue parfaite.

En un mot, tous les erreurs vues dans ce livre s'effacent en Jésus-Christ, il lave et pardonne le pécheur, arrête l'hémorragie qui vous menait à la mort, lisez et soyez revêtus du Saint-Esprit.

Un grand merci

Je rends grâce à Dieu pour ce livre. Son amour, sa protection, miséricorde et communion font de nous c'est que nous sommes.

Un grand merci à BoD pour sa publication et distribution de notre ouvrage.

Merci à mes parents, frères et sœurs, la famille est notre port sûr.

Un grand merci à la charmante Grace Merveille, pour sa participation dans la conception de ce livre. Merci à elle pour sa présence, force et sagesse.

© 2020, Davi Crispin Jr.

Edition : Books on Demand,
12/14 rond-Point des Champs-Elysées, 75008 Paris
Impression : BoD - Books on Demand, Norderstedt, Allemagne
ISBN : 9782322224760
Dépôt légal : Mai 2020